あなたの予想と馬券を変える
革命競馬

馬券ビルドアップ

組み立て方式で
もっともっと勝てる！

本島修司

まえがき

馬券における悩み。

一番の悩み。

それはいったい、何だろう。

多くの競馬ファンの悩み。

それは、『買い方』だ。

２０００年初頭、買い方を工夫することで馬券の効率を上げようとした書籍があった。

『競馬勝つためのちょっとした工夫』という本だった。

なかなか評判が良く、ヒットした。

テーマは、こうだ。

・馬券の種類と効能を、もう一度きちんと把握しよう

・馬券は、どんどん組み合わせよう

・予想だけではなく、買い方を変えよう

凄く単純なことだが、競馬ファンみんなができていないこと。

それが、買い方に意識を持つことと、自身の馬券の「買い方改革」だ。

買い方を間違えると、馬券は外れる。

自分自身の中で買い方が決まっていると、後悔が少ない。
このことを、多くの競馬ファンは重要視していない。
その見落としがちなところを、本書ではしっかり確認していこう。
この本は、令和版『競馬勝つためのちょっとした工夫』。
それぞれの馬券に、どんな効能があるか。
そしてそれぞれの馬券が持つメリットと、デメリットとは何か。さらには……。

馬券には、『攻撃の馬券』と『防御の馬券』があるということ。
そんな話で、あなたの馬券を組み立て、馬券力を鍛え上げていく。
つまりビルドアップだ。

長話はいっさいない。
小一時間あれば読み終わるだろう。
あなたの予想を、最良の馬券に置き変えて、結果も向上させていく。
そんな一冊に仕上がった。

本島修司

組み立て方式でもっともっと勝てる！馬券ビルドアップ　目次

装丁●橋元浩明（sowhat.Inc.）　本文DTP●オフィスモコナ
写真●武田明彦　馬柱●優馬　編集協力●キューブリック
※名称、所属は一部を除いて2023年9月10日時点のものです。
※成績、配当、日程は必ず主催者発行のものと照合してください。
馬券は必ず自己責任において購入お願いいたします。

第1章

“運”は極力排除してこそ勝機あり

ビルドアップ！馬券の種類と選び方

【単勝】の効能……勝負強い馬を探す嗅覚が磨ける

単勝の効能は何か。

そう聞かれると、たくさんの答えが出てくる。

他の馬券よりも答えが多いくらいだ。

むしろ、他の馬券は「単勝ほどは独自の要素」がないとも言えるかもしれない。

なので、単勝が一番大切だ。

一緒に覚えよう。

まず、単勝の良いところは「1頭の馬と人馬一体になることができる」こと。

他の馬など、目に入らなくなる。

そうすると、馬券というギャンブルが一気にスポーツライクになってくる。

スタートからゴールまで、その1頭しか見ないから、一緒に走っている、一緒に戦っている、そういう気持ちになれるのだ。


もうひとつ、効能がある。

競馬の基本は「1着になること」だとわかるようになる。

もう少し言うと、「3着なら」などという視点がなくなる。

競馬には「勝ち切れないが、なんとなく成績が安定している、見せかけの幻想だけの強い馬」という馬が一定数、いる。

そういう馬を見抜けるようになる。

最近の馬では、ククナ、ヒートオンビートあたり。

逆に、「勝ち切っている実は強い馬」も見えてくる。

最近の例でいうと、キングズソード、カラテ、ボッケリーニなどだ。

彼らは『勝負際で、勝負強い馬』だ。

わかるだろうか。この感覚がわかれば、「勝ち切る感覚」というものが何か見えてくるはず。そして、「勝ち切る自分」に変わるには、単勝という馬券はうってつけなのだ。

1着馬しか当てないという、とても攻撃的で、そのぶん人気の有・無に関わらず「真の強い馬」を見抜けるようになる馬券。それが単勝だ。

単勝とセットで際立つ【複勝】の防御力

複勝馬券とは何か。

それは、ひと言でいうと「バリア」だ。

あなたをガードするバリア。あなたを守る盾と言ってもいいかもしれない。

単勝が剣だとしたら、複勝は盾ということになる。

剣と盾はワンセット。だから「単複」という言葉も生まれるわけだ。

馬券というものは、簡単に当たるものではない。

それは誰もが身に染みていることだろう。

特に「ハナ差」など、ほぼ運に近い。

ハナ差勝ちは運が良かっただけで、ハナ差負けは運が悪かっただけで、決してあなたの馬券の実力が勝っていたわけでも、劣っていたわけでもない。

ただの運だ。

単勝を買うと、ハナ差負けということが年に何回かはあると思う。

要は〝運での負け〟だ。

これは防ぎようがない。

もう1回やってくれたら勝つかもしれないくらいだ。何なら、予想上は勝っていると言ってもいいくらいだ。しかし、残念なことに「競馬はもう1回やってくれない」。

僕もよく、「もう1回やってくれたら勝っているのに」と評するレースがある。4着に負けた競馬でもあるくらいで、2着に負けた競馬では、さらに多くある。

そんな僕やあなたを「守ってくれる」馬券。それが複勝だ。

単複を買えば、2、3着から守ってくれて、馬連を勝った場合でも、いわゆる「本命馬」の複勝を併せて買っておけば、ヒモ抜けを守ってくれる。

ワイド3点の流し買いをしたとする。

その時も軸になった馬の複勝を併せて持っていると、助けてくれることがある。

〝トントン〟〝引き分け〟

これに持ち込むことができるのが、複勝馬券の一番の効能。

また、走れるはずの格のレースでの意味不明の惨敗は、「この馬、気性が悪いんだな」とわかるようになる。

最近の馬でいうと、ちょっと人気になりやすいところでは、ジャスティンスカイ、ラスール、ランドオブリバティ、ケンシンコウ、リアアメリアなど。気性に問題がある馬たちだ。

この手のタイプの馬たちは、自分の持ち場の「走れるはずの格のレース」や「得意なコースのレース」でも、平気で惨敗を繰り返す。

すると、何度か繰り返されるその姿を見ているうちに、ただ負けているのではなく、「頑張ろうとしないのだな」とわかるようになる。

感覚としては「最高峰の舞台のＧⅠでもないのに、惜敗じゃなくて、よくこんなに惨敗をするな……」といったものだ。

これを見抜けると、けっこう予想・分析をするうえでも強みになる。

人気にならないところにも、この手のタイプは潜んでいる。

メイショウシンタケ。ワンダイレクト。レッドヴェロシティ。

このあたりも怪しい。

さらに、今、僕がGⅠでもないのに惨敗するタイプの気性難を疑っている馬を、1頭挙げよう。

ガイアフォース。

この馬だ。

菊花賞を1番人気で大惨敗。

3000mは無理だったか。GⅠはまだ厳しかったか。

そんな見方も強まる中で、迎えた復帰戦は年明けの別定GⅡ、AJCC。

別定GⅡだ。

絶対走らないといけない。

舞台は、セントライト記念馬にとって「自分の庭」の中山芝2200m。

しかし、なんとこの馬はここでも大惨敗。

もう、ちょっと、どうしようもない。

気性が悪いのだ。

その後、なんと短距離に矛先を変えて、マイラーズCで2着に激走。

マイルの最高峰の舞台、安田記念でも4着に入り込んだ。

そうか、マイラーだったか。

と、見る人は、競馬を見る目に問題がある。

わかるだろうか。「マイラー」じゃなくて、「気性難」なのだ。

昔、これにソックリな馬がいた。

そのことを、今、思い出している。

キングヘイロー。

この馬だ。

比較してほしい。ここまでの成績と状況、少し似ていないだろうか。

もう、陣営が右往左往している。

キングヘイローは、マヤノトップガンも手掛けた坂口正大調教師という名伯楽のもと、高松宮記念で奇跡のような豪脚を見せて、最終的にはＧＩ馬となる。

しかし。

では、距離を変え、コースを替え、試行錯誤に右往左往、結果『成績が安定したのか』となると、最後までまったく安定しなかった。

気性が悪かったからだ。

巷には、90年代の人気馬、キングヘイローのことを『気性難』だとわかる人と、わからない人、単なる『ＧＩを獲るのに苦労した馬』と見る人がいるようだ。

しかしだ。

複勝の防御能力に常日頃から触れている人は、キングヘイローの成績を見ると、気性の悪さを見抜ける。

こんな成績、ありえるか……？？　と感じるのだ。

この毎日王冠5着って何??

この京王杯スプリングC11着って何?? と。

自分の「持ち場」で、ひっくり返るような大惨敗をするからだ。

ペルーサならわかる。

世の中もわかるのだ。

なぜだろう。

キングヘイローの場合、競走生活の最後に、GIを勝てたからだろうか。

高松宮記念は1200mという距離が良かったというよりは、『ダンシングブレーヴ系はハイペースで強さが引き出される』という点が、1200mで奇跡的に作用したように思う。

この種牡馬の産駒では、キョウエイマーチもハイペースで強かったはずだ。

キングヘイローは古い話だし、今やペルーサも古い話になりつつある時代。

それでも、今、同じような成績にガイアフォースが陥りつつある。


防御能力の高い複勝をよく買っていると「守り切れない馬の本質」がわかるようになる。

その流れで、「なるほど、この種牡馬の子に多いのか」ということもわかるようにもなる。

守りを固める、あなたの守護神。

惨敗の本質まで読めるようになる馬券。

それが複勝だ。

最後にひとつ、記しておきたい。

僕はキングヘイローが嫌いではない。

むしろ、わりと好きだ。

かつての主力【馬連】は罪な馬券

元祖、「主力」とされていた馬券。

妙な話だが、昔は「単複派」は「馬連派」にバカにされているような風潮すらあった。

それほどまで、「主力馬券は馬連」「馬券と言えば馬連」として、時代の中心を駆け抜けてきたのが、馬連だった。

今では馬連に固執する人は少なくなっている印象。

それでも元祖・主力なだけに、使い勝手は良い馬券だ。

この馬券は、シンプルに、1着馬と2着馬を当てるというものだ。

それも、1着と2着が、「どちらでゴールしてもいい」というもの。

誰が最初に考えたのか知らないが、ずいぶんと〝上手いことできている〟。

だって、なんか当たりそうな気がするもん。

当たらないが。

なかなか当たらないが。

この「当たりそうな気がしてしまう感じ」が、多くのギャンブル中毒者を生み出したとも感じている。罪な馬券だ。

効能は「ない」。むしろここが特徴。

そう、馬連を買っても『競馬力』が向上することはあまりないのだ。

これが単勝、複勝との一番の違いだと感じる。

単勝複勝 ／ 馬連 ↓ その先の馬券たち

この「／」が、馬券が競馬力を向上させるかどうかの「線引き」となる。

つまり、「／」の前は馬券がスポーツの領域で、「／」から先は馬券が「ギャンブルの領域」に入っていくのだと解釈してほしい。

ギャンブルはギャンブルでいいのだ。

ただ、このあたりから難易度が上がることは念頭に置いてほしい。

昔ほど主流とは言えないかもしれない馬券。

だが、今でもこれを主力に使う人はたくさんいるだろう。

射幸心をあおるたくさんの馬券が溢れている今、あえてこれを使うということは、むしろ堅実なタイプの人だと思う。

目立つ効能はないが、逆に気をつけてほしい点がある。

後述するが、「連軸・主義者」になってしまいかねないということだ。

馬連を買う癖がつくと、なぜか「成績が安定している馬」＝「強い馬」に見えてしまうという現象が起こる。

これには気をつけたい。

成績が安定している馬＝強い馬ではない。

成績が安定している馬＝人気になりやすい馬。

この感覚を持ってほしい。

では、「強い馬」とは何か。

すべてオープン馬での話になるが、例えば「強い馬」とは、こうだ。

大舞台に、臆せず出走、そこで正攻法でぶつかった馬。

わかるだろうか。

精神論だけではなく、真正面からぶつかった馬、という意味。

昔、拙書で「ダービー2着馬は、ダービー馬より強くなる可能性がある」と書いたことがある。

その時、同時に、こうも書いた。

「ただし、ダービー馬より前で競馬をした馬に、その可能性を感じる」

スペシャルウィークが勝負を決めた後に突っ込んできた、ボールドエンペンラー。強くならなかった。

タニノギムレットに豪快に差し切られたが、先に抜けていた、シンボリクリスエス。強くなった。

ネオユニヴァースにマークされて屈したが、先に馬群を飲み込んでいたゼンノロブロイ。強くなった。

この感覚だ。

もちろん、ハーツクライのような後方から来たダービー2着馬で、メチャメチャ強くなった例もあるが。

ただ、この法則は、もう使えない。

日本ダービーは、Cコース開催が多くなり「むしろ、前にいるが有利になる年」も多いからだ。ダービー2着馬でも、エポカドーロなどがそうだった。伸び悩んだ。

ただ、ここで言いたいことは〝そこ〟ではないのだ。

正攻法で、大舞台（特にGI）にぶつかった経験、ということだ。

ダービーではなくても、GIに出て、正攻法で5、6着なら、相当強いと言える。

8着くらいでも、GIに出たことがない馬よりは強い。

最高峰舞台の雰囲気と、そこでの激しいレースの流れを知っているのだから、格下のレースでなら、勝ちにいくような決定的な末脚を放てる。

しかし、出馬表の「成績欄」では、綺麗に2着、3着、3着、3着、3着と並んでいる馬のほうが、人気になる。

例えば。

2023年、日経賞。ボッケリーニの単複を買った。

有馬記念11着、ジャパンC17着。その前は、京都大賞典2着、目黒記念1着。

この馬がGⅡ戦で復帰。

ほとんどもう「勝ってください」と言っているようなもの。

しかし、見た目は、前走11着、前々走17着が、妙に〝効いた〟のか、5番人気。

レースは不良馬場の中、大逃げを打ったタイトルホルダーが1頭だけ違うレースをして、離して勝ったが、それ以下の馬たちによる争いを余裕綽々に走り切って、2着。

こういう馬の存在や、走りというのは、馬連を買っていると、なかなか見えにくくなる。

そこが、馬連ばかり買いすぎると、陥りやすい競馬の見方になる。

馬連を買うのはいいのだが、そこには気をつけてもらいたい。

馬連派の多くは、「タイトルホルダーから流して、ボッケリーニも押さえられたらいいな」となることが多いのだ。

当たっても、タイトルホルダーが、衰え始めていることに気がつかないままで。

この話は、本書の最終章に書きたい。

待っていた馬が2頭出走……【ワイド】は今でも重要

ワイド。僕が単複以外で、唯一、「付け加えることがある」馬券だ。

2頭を選び、「3着以内に2頭が入れば」という馬券。

当てやすい。

東京 11R

発馬 15.45

第25回 富士ステークス (GII)

指 三才上 オープン・・別定

	1	2	3	4	5	6	7	8	9	10
枠	白1	白1	黒2	黒2	赤3	赤3	青4	青4	黄5	黄5
馬名	エアロロノア	タイムトゥヘヴン	ノルカソルカ	ルフトシュトローム	ピースワンパラディ	ダイワキャグニー	アルサトワ	アオイクレアトール	レインボーフラッグ	セリフォス
父	キングカメハメハ(騎)	ロードカナロア(マ)	エピファネイア(報)	キンシャサノキセキ(マ)	ジャングルポケット(報)	キングカメハメハ(騎)	ルーラーシップ(報)	キングカメハメハ(騎)	ジャングルポケット(報)	ダイワメジャー(マ中)
母・実績	エアワンピース 4勝(マ)	キストゥヘヴン 5勝(中)	ワイドロータス 1勝(短)	ハワイアンウインド 3勝(中)	クリアソウル 1勝(マ)	トリプレックス 4勝(中)	ポップアイコン 3勝(中)	ハイエストホワイト 1勝(中)	レインボーシーカー 未勝(マ)	シーフロント 仏(マ)
毛色・斤量	鹿 56 牡5	鹿 56 牡4	栗 56 牡5	鹿 56 騸5	鹿 56 牡6	黒鹿 56 騸8	鹿 56 牡5	芦 56 牡5	鹿 56 牡9	栗 54 牡3
騎手	替 岩田望	替 福永	替 内田博	横山和	替 戸崎圭	替 Mデムーロ	替 横山武	替 田辺	小牧太	藤岡佑
厩舎	栗 笹田	美 戸田	栗 藤岡健	美 堀	美 大竹	美 菊沢	栗 斉藤崇	美 古賀慎	栗 小崎	栗 中内田
賞金	5200	4300	2400	3600	4600	9000	5200	2400	2450	5300
総賞金	11,713	11,927	8687	7780	13,540	28,800	9661	7840	15,532	15,100
馬主名	ラッキーF	DMMドリームC	幅田昌伸	サンデーR	長谷川成利	大城正一	ゴドルフィン	新谷幸義	グリーンファーム	GIレーシング
牧場名	囲 社台F	日 オリオンF	日 下河辺牧場	安 ノーザンF	日 高山牧場	囲 社台F	日 ダーレージャパンF	囲 社台F	囲 社台F	安 追分F
佐藤直	△			△	△		△			◎
小野智	△	注								◎
久光	△	△								○
西田	△				△		△			▲
中田	注	△				△	△			○
本紙武井	注 西	△	西		△	B	△ 西		西	○ 西
芝 1200 / 1400 / 1600 / 1800	芋2041③ 阪1316⑤ 阪1457②	芋2026⑥ 東1204③ 東1323⑥ 東1469⑤	新1219② 阪1322② 小1498⑥	阪1216⑬ 阪1324⑬ 中1490⑭	芋2004⑦ 函2253③ 東1328① 東1481⑦	芋1583① 三2133⑫ 阪1316④ 東1451④	芋1589① 三2146⑫ 京1331① 阪1448①	東1327① 新1470⑯	小1075⑬ 東1200④ 中1314⑩ 小1464⑧	東13[illegible]④
上り最高	天32.6①	函33.4③	天33.5③	天34.0⑤	芋32.7③	天32.9⑦	天33.9①	天33.3④	天32.4④	天32.8①
騎乗成績	1 0 0 1	初騎乗	初騎乗	0 0 0 1	1 0 1 0	初騎乗	初騎乗	0 0 1 2	2 1 0 7	1 0 0 1
クラス実績	2 0 0 6	1 2 2 8	0 0 0 3	1 0 0 9	1 2 1 3	6 2 3 22	2 0 0 3	0 0 1 4	0 1 0 34	2 1 0 2
当該条件	0 0 0 1	0 0 1 2	0 1 1 0	0 0 0 2	2 0 0 0	1 0 1 3	初コース	3 3 2 1	0 0 0 1	0 0 0 2

コア 890 / 55レーン 590

	1	2	3	4	5	6	7	8	9	10
前走	2阪 3月27日 ② 牟 1 L 12ト18頭 天外1337 57 幸 S ⑪⑩⑦ 500 人気4 中位一気 1身 361外340 ファルコニア 1339 0.2	3中 4月2日 ③ ダービ卿 1 GIII 3ト16頭 天外1323 55 大野 M ⑮⑭⑭ 488 人気11 直線一気 アタマ 364中337 フォルコメン 1323 0.0	5中 12月28日 ⑨ 壽 1 3勝 1ト12頭 天外1339 57 横山武 M ①①① 504 人気1 逃切る クビ 351内357 インテンスライ 1339 0.0	5東 11月27日 ⑦ キャピタ 12 L 16ト17頭 天1340 57 ムーア M ⑮⑮⑬ 500 人気10 出遅る 5¾ 361内346 プリンスリター 1330 1.0	2中京 20年10月 ⑨ ポートア 2 L 12ト16頭 天1330 56 丸山 M ⑪⑬⑬ 462 人気1 後方伸 クビ 357外338 ドナウデルタ 1330 0.0	1中京 1月5日 ① 京都金杯 2 GIII 11ト16頭 天1330 575 幸 M ③②② 500B 人気11 先行粘る 1身 347中350 ザダル 1329 0.1	1阪 2月12日 ① 鳳 1 3勝 1ト8頭 芋内2000 57 幸 S ①①① 510 人気4 逃切る 同着 371内342 カイザーバロー 2000 0.0	1東 2月6日 ④ 東京新聞 9 GIII 1ト15頭 天1337 56 内田博 S ⑩⑦⑤ 490 人気7 中位まま 8身 354内352 イルーシヴパン 1323 1.4	3小 7月3日 ② CBC賞 13 GIII 1ト17頭 三1075 53 国分優 H ⑧⑤④ 456 人気16 好位一杯 9¾ 323内352 テイエムスパー 1058 R 1.7	6阪 12月19日 ⑥ 朝日FS 2 GI 4ト15頭 天外1336 55 Cデムーロ M ③⑤⑤ 486 人気1 好位伸 ½身 352中348 ドウデュース 1335 0.1
2走前	2阪 4月24日 ⑩ マイラー 5 GII 12ト15頭 天外1340 56 幸 M ⑪⑪⑨ 500 人気5 中位差詰 4¼ 359中352 ソウルラッシュ 1333 0.7	2東 5月14日 ⑦ 京王SC 3 GII 9ト12頭 函1204 56 大野 S ⑩⑩⑨ 478 人気5 後方伸 1¼ 357外334 メイケイエール 1202 0.2	2小 2月20日 ④ 小倉大賞 6 GIII 4ト16頭 天1498 54 勝浦 S ①①② 498 人気6 逃一杯 3¾ 371中368 アリーヴォ 1492 0.6	2中 2月27日 ② 中山記念 14 GII 10ト16頭 天内1490 56 石橋脩 H ⑯⑯⑯ 504 人気15 出遅る 15¾ 386内368 パンサラッサ 1464 2.6	5東 20年11月 ⑧ キャピタ 1 L 5ト13頭 天1328 56 戸崎圭 S ⑥⑤⑤ 466 人気1 中位抜出 1身 354中343 ロードマイウェ 1330 0.2	1東 2月20日 ⑧ フェブラ 15 GI 2ト16頭 天ダ1357 57 三浦 S ④⑤⑥ 504B 人気13 好位一杯 11身 351内360 カフェファラオ 1338 1.9	1阪 3月6日 ⑧ 大阪城S 1 L 11ト12頭 天外1448 54 幸 S ②②② 514 人気5 先行抜出 ½身 359中346 カレンシュトラ 1449 0.1	2中 3月13日 ⑥ 薫 9 L 11ト14頭 天外1345 56 田辺 S ⑨⑥⑥ 492 人気4 中位一杯 2½ 367外340 ボンセルヴィー 1341 0.4	3小 7月24日 ⑧ 中京記念 8 GIII 16ト16頭 天1464 52 小牧太 S ⑩⑥⑥ 456 人気16 中位まま 2½ 378中346 ベレヌス 1459 0.5	2東 5月8日 ⑥ NHKマイル 4 GI 4ト18頭 天1326 57 福永 M ⑤⑤⑥ 490 人気1 好位一息 1¾ 346内346 ダノンスコーピ 1323 0.3
3走前	3東 6月5日 ② 富 7 GI 10ト18頭 天1325 58 幸 S ⑰⑰⑯ 504 人気16 出遅る 1½ 362中326 ソングライン 1323 0.2	3東 6月12日 ④ エプソム 5 GIII 2ト12頭 天1469 56 戸崎圭 S ⑩⑩⑩ 484 人気5 後方追上 ¾身 379中339 ノースブリッジ 1467 0.2	3中 4月2日 ③ ダービ卿 14 GIII 16ト16頭 天外1334 54 藤岡佑 M ⑤⑥④ 490 人気10 好位一杯 6¼ 352中356 タイムトゥヘヴ 1323 1.1	2中 3月13日 ⑥ 薫 12 L 4ト14頭 天外1349 57 石川 S ⑥④④ 502 人気13 好位一杯 5身 364中346 ボンセルヴィー 1341 0.8	1中京 21年1月 ① 京都金杯 2 GIII 4ト16頭 天1332 56 福永 S ④④⑤ 470 人気2 好位伸 ¾身 359中339 ケイデンスコー 1331 0.1	2阪 4月24日 ⑩ マイラー 13 GII 14ト15頭 天外1352 56 三浦 M ⑥④③ 496B 人気9 直線不利 11½ 352中369 ソウルラッシュ 1333 1.9	1新 5月8日 ② 新潟大賞 15 GIII 4ト15頭 芋外2023 56 丹内 M ①①① 516 人気6 鼻出血 大差 347内397 レッドガラン 1577 4.6	1新 5月7日 ① 斉 4 L 10ト11頭 天外1341 56 津村 S ③③④ 488 人気3 先行一息 3¼ 366外333 ウインカーネリ 1336 0.5	4中 9月11日 ② 京成AH 9 GIII 14ト13頭 天外1340 52 小牧太 S ⑤⑦⑤ 460 人気13 中位まま 2½ 363外342 ファルコニア 1336 0.4	3東 6月5日 ② 富 4 GI 15ト18頭 天1324 54 藤岡佑 S ⑨⑩⑬ 490 人気5 後方追上 ¾身 355外328 ソングライン 1323 0.1
4走前	4ヵ月半 放牧 乗込み4週間 仕上り○ 連対体重 488〜506 3ヵ月以上休 ①②③外 0 0 2 1	4ヵ月余 放牧 乗込み4週間 仕上り○ 連対体重 472〜488 3ヵ月以上休 ①②③外 0 0 0 2	6ヵ月半 放牧 乗込み4週間 仕上り○ 連対体重 482〜504 3ヵ月以上休 ①②③外 0 1 0 1	4中 9月11日 ② 京成AH 11 GIII 10ト13頭 天外1342 55 横山和 S ⑧⑩⑪ 504 人気8 中位一杯 4身 364外342 ファルコニア 1336 0.6	3新 8月14日 ② 闘 5 GIII 14ト14頭 天外1337 56 石橋脩 S ④③② 474 人気11 先行一息 2¾ 365中332 ウインカーネリ 1333 0.4	6ヵ月休 放牧 乗込み6週間 仕上り○ 連対体重 484〜502 3ヵ月以上休 ①②③外 2 1 0 4	5中京 10月2日 ⑨ ポートア 1 L 9ト12頭 天1331 57 幸 S ①①① 516 人気4 逃切る ¾身 357内339 ヴィジュネル 1332 0.1	5ヵ月半 放牧 乗込み3週間 仕上り○ 連対体重 466〜486 3ヵ月以上休 ①②③外 1 1 0 0	5中京 9月17日 ③ ケフエウ 9 オープン 9ト10頭 芋1596 52 小牧太 S ⑨⑨⑧ 460 人気10 後方まま 12身 382外351 コスモカレンド 1576 2.0	4ヵ月半 放牧 乗込み4週間 仕上り○ 連対体重 480〜486 3ヵ月以上休 ①②③外 1 0 0 1

東京11R 枠番連勝

組番	オッズ
1-1	76.9
1-2	90.1
1-3	63.8
1-4	69.7
1-5	12.6
1-6	65.3
1-7	8.4
1-8	27.9
2-2	☆
2-3	☆
2-4	☆
2-5	42.2
2-6	☆
2-7	28.3
2-8	93.0
3-3	☆
3-4	☆
3-5	29.8
3-6	☆
3-7	20.0
3-8	65.9
4-4	☆
4-5	32.6
4-6	☆
4-7	21.9
4-8	72.1
5-5	87.2
5-6	30.5
5-7	3.9
5-8	13.0
6-6	☆
6-7	20.5
6-8	67.4
7-7	6.1
7-8	8.7
8-8	87.5

軸馬 13
単穴 1
連 15 10 5

★★★★①着馬にマイルCSの優先出走権★★★★

●2022年10月22日・東京11R富士S（GII、芝1600m）

1着⑩セリフォス

（1番人気）

2着⑬ソウルラッシュ

（3番人気）

3着⑭ダノンスコーピオン

（2番人気）

単⑩ 230 円

複⑩ 110 円

⑬ 140 円

⑭ 120 円

馬連⑩ー⑬ 590 円

馬単⑩→⑬ 950 円

ワイド⑩ー⑬ 240 円

⑩ー⑭ 190 円

⑬—⑭ 370 円

3連複⑩⑬⑭ 650 円

3連単⑩→⑬→⑭ 2550 円

16 桃8	15 桃8	14 橙7	13 橙7	12 緑6	11 緑6
キズナ㈹	スクリーンヒーロー㈹	ロードカナロア㋮	ルーラーシップ㈹	リアルインパクト㋮	ルーラーシップ㈹
スマートリアン	ピースオブエイト	ダノンスコーピオン	ソウルラッシュ	ラウダシオン	リレーションシップ
スマートオーシャン1勝㋮	トレジャーステイト3勝㋮	レキシールー加㊥	エターナルブーケ未勝㊥	アンティフォナ1勝㊗	カラフルブラッサム3勝㊥
鹿 54 牝5	黒鹿 54 牡3	鹿 56 牡3	黒鹿 57 牡4	鹿 57 牡5	鹿 56 牡5
替ルメール	替三浦	川田	替松山	替菅原明	替石橋脩
栗石橋	栗奥村豊	栗安田隆	栗池江寿	栗斉藤崇	栗須貝尚
2400	2900	9700	5350	12,350	2400
11,075	6160	21,200	10,960	27,812	6135
大川徹	シルクR	ダノックス	石川達絵	シルクR	吉田勝己
三嶋牧場	安ノーザンF	ケイアイF	日下河辺牧場	白老F	安ノーザンF
…… △ △ …… …… △西	△ △ ◎ 注 △ △西	○ ○ 注 ○ ▲ ▲西	注 ▲ ▲ ◎ ◎ B◎西	▲ △ …… …… △ ……西	…… …… △ △ …… ……西
小1067④ 東1198⑤ 中1321④ 阪1460①	〒1587⑤ 二四2291⑱ 阪1463①	東 323 阪 ① 3	132 東 329⑬ 2	東1082⑬ 東1198① 東1325① 千五1186④	小1083① 東1196② 中1340⑧ 阪ダ2016⑬
天32.3① 初騎乗	天34.2① 初騎乗	天33.5① 4001	天33.3⑬ 初騎乗	西33.5① 初騎乗	西33.5⑥ 初騎乗
0 3 2 10 初コース	1 0 0 2 初コース	3 0 1 1 1 0 0 0	1 0 0 1 0 0 0 1	4 2 2 11 1 1 0 2	0 0 0 6 初コース
2阪 3月27日 ②六甲4 L 8ト18頭 芝外1341 54泉谷 S⑨⑧⑩ 476 人気5 中位伸も 2½ 358中343 エアロロノア 1337 0.4	1阪 3月6日 ⑧アルメリ1 1勝 2ト7頭 芝外1463 56岩田望 M⑤⑤⑤ 468 人気2 中位差切 ¾身 357外342 ジュンブロッサ 1464 0.1	1東 2月13日 ⑥共同通信7 GIII 11ト11頭 天1488 56川田 S⑧⑧⑦ 458 人気4 中位まま 5¾ 371中343 ダノンベルーガ 1479 0.9	3中 3月27日 ❷美浦1 3勝 8ト16頭 芝外1341 56浜中 M⑤③② 500B 人気1 好位抜出 2身 352内358 ウインシャーロ 1344 0.3	2月26日 ターフスプリ4 GIII 良14頭 千五1186 57Cデムーロ ⑭⑬⑮ アブドゥルアジーズ サウジアラビア S後鋭る 4身 ソングライン 1180 0.6	2東 5月14日 ⑦京王SC6 GII 7ト12頭 西1205 56戸崎圭 S⑧⑨⑨ 504 人気9 後方差詰 1¾ 355中335 メイケイエール 1202 0.3
3中京 5月29日 ⑧安土5 L 8ト18頭 西1198 53秋山真 S③④④ 478 人気1 仕掛遅れ 2¼ 344中341 エントシャイデ 1194 0.4	2阪 3月26日 ①毎日1 GIII 4ト10頭 芝外1475 56藤岡佑 M①①① 466 人気4 逃切る ¾身 359内356 ベジャール 1476 0.1	2阪 4月16日 ⑦アーリン1 GIII 10ト18頭 芝外1327 56川田 S⑩⑩⑩ 458 人気1 中位差切 クビ 351中336 タイセイディバ 1328 0.1	2阪 4月24日 ⑩マイラー1 GII 13ト15頭 芝外1333 56浜中 M⑬⑬⑬ 500B 人気6 直線一気 ½身 361中341 ホウオウアマゾ 1334 0.1	3月26日 アルクオーツSP9 GI 良16頭 千直1098 57Cデムーロ ⑨⑮⑭ メイダン アラブ首長国 後方差詰 7身 アケースオブユ 1088 1.0	3中京 5月29日 ⑧安土4 L 12ト18頭 西1196 55酒井 S⑤④④ 504 人気3 好位一息 1½ 345中339 エントシャイデ 1194 0.2
3小 7月3日 ②CBC賞4 GIII 12ト17頭 三1067 53秋山真 H⑮⑮⑮ 476 人気5 後方追上 5¼ 330外337 テイエムスパー 1058R0.9	2東 5月29日 ⑫ダービー18 GI 5ト18頭 二四2291 57藤岡佑 M③④④ 460 人気12 好位一杯 大差 359中417 ドウデュース 2219 7.2	2東 5月8日 ⑥NHKマイル1 GI 18ト18頭 天1323 57川田 M⑦⑦⑥ 460 人気4 中位抜出 クビ 347中343 マテンロウオリ 1323 0.0	3東 6月5日 ②安田13 GI 14ト18頭 天1329 58浜中 S⑭⑬⑬ 498B 人気6 直線不利 3½ 358中333 ソングライン 1323 0.6	2東 5月14日 ⑦京王SC5 GII 10ト12頭 西1205 57Mデムーロ S②②② 518 人気7 二位付粘 1½ 347内344 メイケイエール 1202 0.3	3東 6月26日 ⑧パラダイ6 L 12ト16頭 西1208 55戸崎圭 S④④④ 504 人気3 好位一息 3¾ 352中342 リフレイム 1202 0.6
4阪 10月9日 ②オパール4 L 1ト16頭 三内1090 53秋山真 M⑫⑬⑨ 480 人気2 後方追上 2¼ 348外342 トウシンマカオ 1086 0.4	4小 8月14日 ②小倉記念5 GIII 7ト15頭 〒1587 53松本 M⑥⑧⑤ 458 人気4 伸一息 7¾ 351中356 マリアエレーナ 1574 1.3	5ヵ月余 放牧 乗込み5週間 仕上り○ 連対体重 456～462 3ヵ月以上休 ①②③外 2 0 0 0	4ヵ月半 放牧 乗込み6週間 仕上り○ 連対体重 494～500 3ヵ月以上休 ①②③外 2 0 0 1	佐賀 8月25日 4サマーチャン12 交流GIII 6ト12頭 千四ダ1301 58Mデムーロ M②②⑦ 518 人気4 先行バテ 大差 359内414 シャマル 1255 4.6	4ヵ月休 放牧 乗込み6週間 仕上り○ 連対体重 498～506 3ヵ月以上休 ①②③外 1 1 0 2

そして実際に当たる。

僕自身の話をすると、「待っていた馬が、待っていたレースに出た時だけ単複を買うスタイル」を取っているため、稀に待っていた馬が2頭、同じレースに被って出てくることがある。

そんな時は、2頭を比較して、ベストなほうの単複を買うが、もう1頭も本当に出走を心待ちにしていたような場合に、『ワイド1点』として、付け加えることがある。

具体例を挙げよう。

2022年、富士S（出馬表と結果は前頁）。

出てくるのを待っていたのは、セリフォス。

安田記念で4着になった姿を見て、古馬相手にも十分に戦えると思い、「復帰戦で」と待っていた。

そこにもう1頭、待っていた馬が出てきた。

ソウルラッシュだ。

これも安田記念に出て、前が詰まって負けていた馬。正直、前が開いていても勝ち負けのラインまでは持ってこられなかったと思ったが、もう少し着順は上だったはずの馬。何より、GⅡ～GⅢあたりでは堅実だ。

そこで、馬券はこうセッティングした。
・メイン馬券　セリフォス　単複
・サブ馬券　セリフォス－ソウルラッシュ　ワイド1点
もちろん、ワイド3点ボックスや、ワイド5～6点流しなどで使う人も多いことだろう。

堅実で、わりといろいろな使い道がある馬券だ。

「防御力」もあるね。

【枠連】はおみくじ感覚、運の馬券だ

おみくじが好きだろうか。

くじ引きでもいいか。

おみくじは、おみくじで楽しい。

そう思う。

ただ、その要素を馬券に持ち込みたくはない。

枠連。

これはほとんど、おみくじの感覚。運の馬券だ。

同じ枠にいる馬がくれば、その馬券は当たり。

運でしかない。

初めて馬券を買う、初心者向きの馬券だ。

無理にいいところを探しても仕方ない。

なので、解説することがあまりない馬券となる。

昔、それこそ僕が競馬を見始める前の時代には、「単枠指定」というものがあったそうだ。強すぎる

馬は、ひとつの枠にするといったもの。

確かに、今のように1頭1頭を選んで買える馬券がなかった時代には、こういった制度が必要だったと思う。

ちょっと、競馬の歴史のお勉強の時間になってしまっているが、この単枠指定をＪＲＡが制度として導入していた頃が、なんだかすべてを物語っている気がする。

そもそも『枠』単位でばかり馬券を売っていたこの頃は、馬券＝おみくじであり、その時代のほうがちょっとヘンで、今の1頭1頭ごとにちゃんと買える時代のほうが、「馬券というもの」として、きちんと成立しているんだよ、ということ。

つまり、競馬は運任せの遊びではなく、分析・解析・推理ができるゲームだということ。

こういうことになる。


少し話が逸れるが、競馬分析というのは、針の穴を通すようなとても崇高な作業だ。

丁寧に過去のＶＴＲと、膨大な競走馬の事例を見直す。

生活音などが聞こえると、入り込めない。

なので、深夜の作業に向いている。

僕の場合、『報復性夜更かし』（要検索）の気があるようなので、僕ほど夜中にやる必要もないが。

いずれにしても、運任せの枠連を、わざわざ時間をかけて分析する人はほぼいない。

まとめる。

正直、枠連は特筆すべき点がない馬券だ。

当然、買っても競馬力の向上もない。

枠連だけは、あまりオススメできる要素がない。

運だけではない……【3連複】は実力で獲れる

3連複は、「買いよう」はある。

僕は買わないが、僕自身のやり方にもハマるケースはある。

例えば。

前述した、「2頭、待っていた馬が被ってできた場合」。

このケースだと、3連複も「買いよう」がある。

逆に言うと、このケース以外では、買いようがないという感じがする。

富士Sに、待っていたセリフォスが出てきた。

もう1頭の待っていた馬、ソウルラッシュも出てきた。

先ほど書いた通り、買った馬券は、『メイン馬券：セリフォス単複』『サブ馬券：セリフォス・ソウルラッシュ　ワイド1点』というもの。

結果は、たまたま上手くいき、1着がセリフォス（1番人気）で、2着がソウルラッシュ（3番人気）。

もう少し詳しく「馬券の内訳」を書く。

単複は、「単勝1：複勝5」の比率。

全体としては、メイン馬券が9割くらい。サブ馬券は1割くらい。


これが僕の、普段からの割合だ。

仮に、セリフォスが2着で、ソウルラッシュが大敗していたとしよう。

すると、セリフォスの複勝だけが当たることになる。

いや、セリフォスの複勝しか当たっていないことになる。

セリフォスの複勝は、たまたま110円で〝最安〟と言える配当。だが、馬券の〝構築〟の仕方としては、「ほぼ、9割がたはセリフォスの複勝」なので、購入した馬券の大部分は、返ってくることになる。

けっこう、上手くできていると思わないだろうか。もし配当がたまたま120円ならけっこうラッキー。

レースなので、セリフォスが、取りこぼすことある。

もう1回やったら2着かもしれない。

現に、「藤岡佑騎手が、毎度お馴染み、めちゃくちゃ後手に回って」いて、今、レースVTRを見返してみても、ほらもう取りこぼす寸前だ。

そしてもう1頭の待っていた馬(ここではソウルラッシュのこと)までしっかり走ってくれるなんて、なかなか、ないのだ。

現実を見よう。

そう見ると、9割がたセリフォスの複勝で馬券を〝構築〟というのは、上手くできているとわかるはずだ。

1番人気馬だが、1番人気馬が必ずしも複勝110円になるというわけではなく、複勝120円の時もあれば、複勝130円、もっと高い時もある。

仮に。ここでセリフォスが2着に取りこぼし、ソウルラッシュがいろいろあって大敗し（競馬って、ほとんどのケースでいろいろあるでしょ）、だけど複勝が130円だったとする。

その場合、ほぼ、引き分けに持ち込める、という算段になる。

藤岡佑騎手が、安定の「とってもミスった騎乗」をしても、3着でも引き分け。

間違えてメッチャ上手く乗ってくれて1着ならプラスに。

これ、よくないか？？

話を戻すと、こういうケースで、例えば『セリフォス－ソウルラッシュ2頭軸』で、5頭前後に流す形でなら、3連複を買う余地はあると感じる。

競馬は、いろいろあって、強い馬でも簡単に取りこぼすもの。

好走馬を当てるのは、実力。

1着に勝ち切る馬を当てたのは、実力＋運。

こう、肝に銘じよう。

だから、「3着以内に、2頭が入れば、何着でもＯＫ」という3連複は……。そう。

実は、「実力で獲れる馬券」だ。

【3連単】＝おみくじ馬券論

と、その話の流れでいくと、そう、3連単は「実力」で当てるものではなく「運」で当てるものという話に行きつく。

3連単というのは、1着、2着、3着を、綺麗に当てる馬券。

もうわかるはずだ。

水モノといえる競馬のレースで、どうせいろいろありながら（と思っておいたほうが競馬というのは精神衛生上、良い）、1着、2着、3着を綺麗に全部当てるなんて神業に近い。

相当、難しい。

神業というか、難しいというか、だんだん「運」に近くなる。

そう、もうお気づきかもしれないが、この本は「運で当てる」ことはあまり推奨しない。

なぜか。

だって運だもん。

運と言われてしまったら、「検討」の余地がなくなる。

検討しないなら、おみくじに近くなる。

そして、最もおみくじに近い、枠連という馬券には見向きもしていない。

1着馬を当てることは運も絡むが、1着馬、つまり勝ち切れる馬を探す行為は競馬力の向上につながる。

しかし、2着に「なり切れる馬」を探すことは、生産性がない。

3着に「なり切れる馬」を探す行為も、生産性がない。

わかるだろうか。

この原理が。

馬券というものが、そもそも、なぜ存在するのか。

話はそんなところに行きつくわけだ。

人を楽しませるため。

大雑把に言えば、そうだろう。

どんな楽しみ方をするのも自由。

その楽しみ方には大きく2つがあって、「ちゃんと、こうこうこういう理由だから当たりました」という人と、「なんだかよくわからないけれど当たりました」という人。

枠連時代から、現在までに、馬券の種類はズラリと揃えられた。

選択肢が増えた。

増えた中にも、今でも変わらずに2つの楽しみ方が存在するということだ。

3連単は、かなり運絡みの馬券。

挑む人は、相当難しいことを、それを念頭に置いて……ということになる。

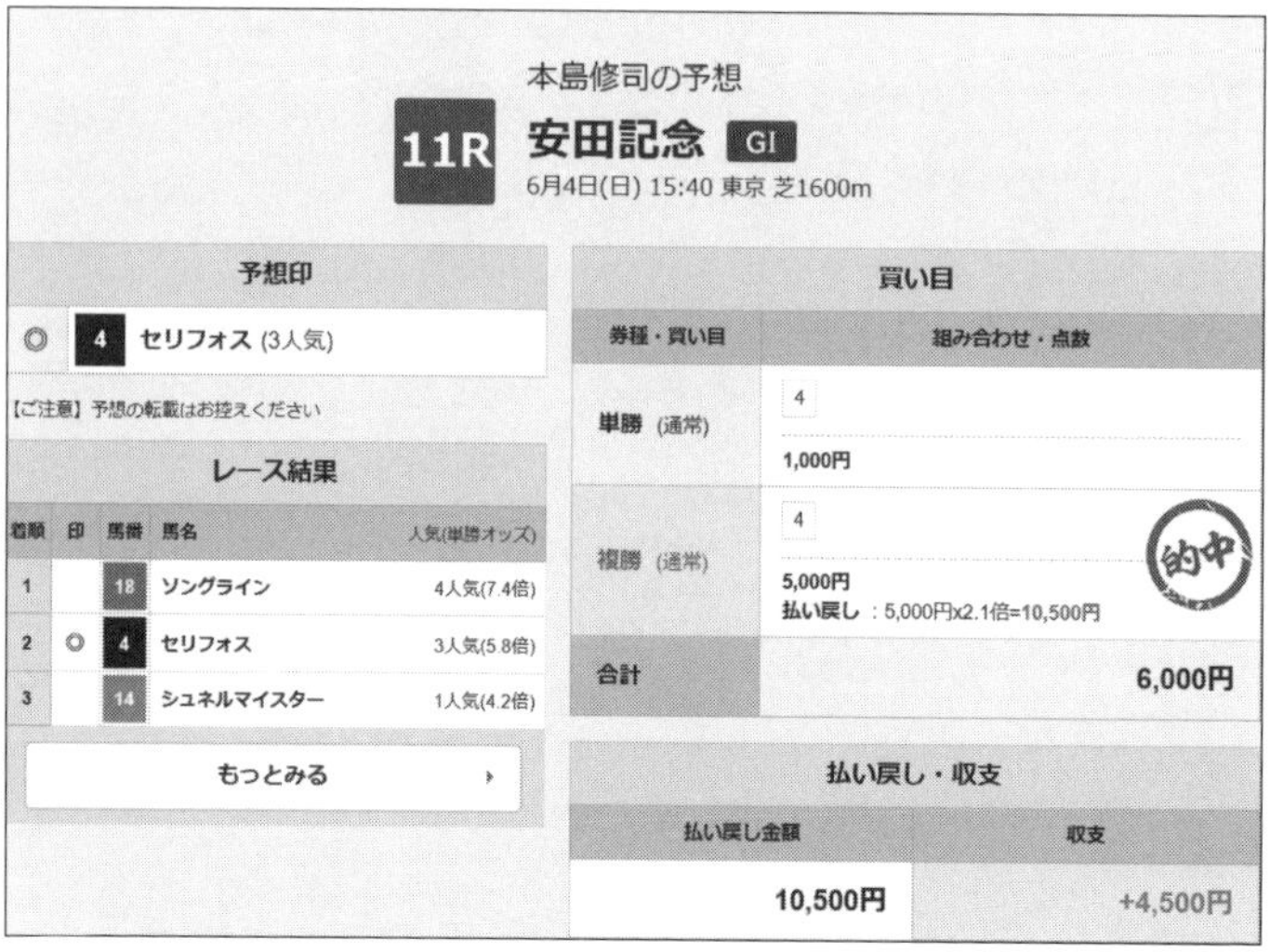
本島修司の予想

11R 安田記念 GI

6月4日(日) 15:40 東京 芝1600m

予想印

◎ 4 セリフォス (3人気)

【ご注意】予想の転載はお控えください

レース結果

着順	印	馬番	馬名	人気(単勝オッズ)
1		18	ソングライン	4人気(7.4倍)
2	◎	4	セリフォス	3人気(5.8倍)
3		14	シュネルマイスター	1人気(4.2倍)

もっとみる

買い目

券種・買い目	組み合わせ・点数
単勝 (通常)	4 1,000円
複勝 (通常)	4 5,000円 払い戻し：5,000円x2.1倍=10,500円 的中
合計	6,000円

払い戻し・収支

払い戻し金額	収支
10,500円	+4,500円

安田記念で有利になるパターンは、次の様なもの。
・中距離路線で「真ん中」くらいにいる役者が強い
・マイルＣＳと安田記念では、求められる適性が違う点には注意。

セリフォスは、２歳時から才能を高く評価してきた１頭。

昨年、マイルＣＳで買えなかったのは「ここ数年での、本島史上、一番の失敗」だったと思っている。

中距離にぶつかっていったドバイターフからの復帰戦が安田記念ならと思い、待っていた。

ただ、『マイルＣＳと安田記念では、求められる適性が違う』というこのセオリーで行くと、もしかするとセリフォスは、マイルＣＳの方に強く適性があるかもしれない。まず、この点が心配だ。

それでも富士Ｓでは、圧巻の競馬をしている。ＮＨＫマイルＣは４着だったが、朝日杯ＦＳ（しかも２着）からのぶっつけで、あまり伸びないインを通ってのものだった。

エビデンス・過去の似ている事例としては、「昨年、ドバイターフ帰り、４歳」で単複を買ったシュネルマイスターに似ているか。

馬個体としてはダイワメジャー産駒の傑作、アドマイヤマーズに近い存在だろうか。

血統的言うと、そのアドマイヤマーズといい、他にもレシステンシアといい、ダイワメジャー産駒はたとえＮＨＫマイルＣあたりで好走していても、実は東京のマイルがそれほど向いていないというケースがけっこうある。セリフォスも、やはりそこが一番の心配材料になってくる。

ただ、末脚の良さという点では、過去のダイワメジャー産駒たちの中でも一番ではないかと思うくらいのものがある馬。その末脚を、後ろ過ぎない位置から引き出したい。

netkeiba『ウマい馬券』で2023年安田記念を予想的中。下の見解はそこからの一部抜粋。このレースについては、本文第3章で詳述。

第2章

血統から入っても面白い！

各馬券向きの馬と、その見つけ方

単勝向きの馬とは、そして単勝に向かない馬とは

単勝向きの馬。

当然、勝ち切れる馬ということになる。

では、勝ち切れる馬とは何か。


爆発力がある馬？

これはもちろん、そうだ。

爆発力、決定力があれば、好走時に1着になりやすい。

当然、単勝向き。

最近だと、あまり人気にならないが、重賞を何度も勝ち切る、カラテ。


1着と惨敗を繰り返す馬。

これはちょっと違う。

よく見てみよう。

その馬は、「惨敗のほうが多い」はず。ここがポイント。

この手のタイプは、本質的には「ただの気性難」なのだ。

過去だと、ペルーサが典型的な例。少し前だと、レイエンダ、グランデッツァ。最近だと、ソフト

フルート、ランドオブリバティ、リアアメリア、スカイグルーヴ、そしてダノザキッドも、今、そうなりかけている。

この手のタイプの見抜き方は、いちいち「走った」とか「軌道に乗ってきた」とかの前に、「1頭の競走馬の全体象」として2歳時、3歳春時のイメージよりも、「上昇しているか」「完成された成績になってきているか」を見るのがいい。

単勝向きに見えて、実は単勝向きではない馬たちだ。

しかし、ここでは〝逆転の発想〟もしてみたい。

勝ち切れない馬とは何か。

これだ。

2着、2着、2着、「勝てそう」（誰かの心の声）、3着、5着……アレ？？　みたいな馬だ。こういうタイプは、1年競馬をやっていると、けっこう思いつくはず。

こういう馬は、タイプとして相場が決まっている。

・非力な馬　ククナ
・勝負根性がない馬　ヒートオンビート
・気性難　スカイグルーヴ（これは前述の通り）

こういう馬たちは、単勝に向かない（ヒートオンビートは、〝レーン・マジック〟で重賞を勝ったが。そこまでの勝ち切れない成績のほうが本質）。

単勝に向かないというより、要は「本当は強くない」のだ。

ククナ、追いかけていませんか。

ヒートオンビートの単勝、買いまくっていませんか。

スカイグルーヴに、期待したりしていませんか。

当然、主観だが、この3頭は僕が長年書いている競馬ノートの『非力な馬』『勝負根性がない馬』『気性難の馬』のパターンによく似ている。僕の中では、ほぼ完璧に該当していると思っている。


こうして、単勝という馬券は、『向き合えば、やっぱり競馬力を向上させてくれる』ものだ。

どんなスポーツでも、基本的には「優勝を目指してやる」ものだ。

競馬も同じ。

この1着馬を当てにいく感覚、勝ち切る馬を知る感覚というのは、レースの見方を身に着けるのに最適なのだ。

しかし〝歴史〟が、それを許さなかった。

競馬の場合、90年代あたりの馬券の売り上げがピークだった頃に、妙に「馬連全盛時代」という雰囲気があった。

そう、その頃から単勝は影が薄くなった。

馬連のほうが台頭し、単勝をメイン馬券で買っていますというファンが減った。

その後、一時的にかもしれないが、２０００年初頭に単複派が多く現れた時期があったのだが、それは一種の「馬連一色の世界」へのアンチテーゼのようなものだったと思う。

この時に、単複が競馬の醍醐味だと感じた人たちは、今もそのまま単複派でいると感じる。

このように、2000年初頭は、「馬連派」か「単複派」か、という構図があった。

これ、ちょっとした「ニッポンの馬券の歴史」だ。


では、もうちょっとだけ「歴史」を知っておこう。

そう、ここから馬券の歴史は動く。

2002年、JRAは「馬単」「3連複」を導入し発売開始。

ここが馬券の種類と楽しみ方が、一気に広がったターニングポイントとなる。

2004年、今度は「3連単」を、後半4レースのみ発売開始。

2008年、3連単を、すべてのレースで発売開始。

2011年には、5レースすべての1着馬を当てる最難関馬券「WIN5」を発売開始。

単勝が勝ち切る感覚を身に着けるスポーツであると同時に、どの馬券を買うか、そもそも競馬とどう向き合い、どう楽しむか、その選択肢が大きく広がっていった。

そして今がある。

単勝から派生していった「ニッポンの馬券の歴史」には、こういった流れがあったのだ。

複勝向きの馬とは……血統にこそカギがある！

表現が難しいが、「昔の藤沢和雄厩舎の馬」。

これをイメージしてほしい。

あくまで「昔の」だ。

僕の中では、藤沢和厩舎は、シンボリクリスエス、ゼンノロブロイ、そしてダンスインザムードあたりで完結。

後期の、スピルバーグ、サトノアレス。グランアレグリアあたりは、もう「あの頃の藤沢和厩舎ではない」と思っている。

スピルバーグの場合、ＧＩ（天皇賞・秋）をひとつ勝ったら、甘やかすのか？　というほど後期の藤沢和厩舎は「ＧＩを勝ったら急激に弱くなることこそ特徴」みたいになっていたし、グランアレグリアの場合はなんかもう、誰がやってもあぁいうとんでもないマイラーだったとしか思えない。やっているのは藤沢和厩舎というより、外厩のノーザンファーム天栄だろうし、というのもある。

カジノドライヴあたりまでは〝藤沢和厩舎感〟がある。

話を戻そう。

複勝だ。

昔の藤沢和厩舎の馬は、明らかに「複勝向き」だった。

それは、『安定感』があったからだ。

なぜ安定感があったのか。

明らかに、よく教育されていて、しかもそこに主戦・岡部幸雄騎手、助っ人・ペリエジョッキーが、前で先行して正攻法を打つ競馬を徹底して、馬にキチンと教え込んでいたからだ。

あの頃の藤沢和厩舎の馬は、なんだかオーラもあった。

今は中内田厩舎の馬にオーラがある。

当時の藤沢和厩舎は、脇役たちの安定感が、凄かった。

思い出そう。マチカネアカツキ。コイントス。ウインシュナイト。ダイヤモンドビコー。ウインデュエル。スパイキュール。

関係ないけど、全部好きだった。

みんな、取り口が同じ。

先行抜け出し。何より気性が良好。

こういう馬たちこそ、複勝向きのモデルケースだ。

後期の藤沢和厩舎はプランスデトワールが逸走して、コーナーを曲がらずに外ラチに突っ込んだりしていた。別な意味で凄かった。全然「フジサワじゃない感」が、逆に凄かった。

いずれにしても、「気性が安定していること」は武器になる。

現役馬でイメージすると、シニスターミニスター産駒のキングズソード。この馬は取り口も安定しているだけではなく、本当に気性が良い。レースで、自分の力だけはしっかりと出してくるタイプ。
全兄のキングズガードも、そういうタイプのダート馬だった。

そう、シニスターミニスター産駒は、全般的に気性が良い。

このように、「血統的に気性が安定している馬」というのもいる。

本書の執筆期間中に、ミックファイアがジャパンダートダービーを圧勝。
令和のトーシンブリザードが登場した。
令和のメイセイオペラ。ネーミングだけならこっちのほうが、盛り上がりそうだが。
競馬中継をつけたら、粋なアナウンサーが「岩手のみなさま、お待たせしました」。
そう、あぁいう実況が、今ないんだよ。
そして、必要なんだよ。
ネットの批判と言葉狩りにビビリ散らかした、ただ馬名を絶叫するだけの実況ばかり。
誰が聞きたいんだよ、あなたの馬名の叫び声。そんな実況ばかり。
叫んでほしいのは、「今、見えている光景」。
そして、用意してきたなとバレてもいいから、一生忘れないキラーフレーズ。
「これはもう、フロックでもなんでもない、二冠達成！」（サニーブライアン）
こういう実況なんですよ。
同じことが。競馬週刊誌の見出しにも言える。

言いたいことは「普通にしないで」。

面白くなさ過ぎて、来週には忘れちゃうから。そういうことだ。

話が逸れた。

他に、複勝向きの種牡馬の子を挙げてみよう。

現代競馬の主力の中では……。

ロードカナロア産駒。ルーラーシップ産駒。ダイワメジャー産駒。クロフネ産駒。

早熟馬が多いが、ヘニーヒューズ産駒も気性自体は問題ない。

根は「ダート血統」だと感じるが、ドレフォン産駒も気性は問題ない。

逆に、注意してほしいのは、現代競馬の「2大主砲クラス」だ。

エピファネイア産駒。

巷で「エピファ・タイマー」とまで言われる、発動するといきなり弱くなる現象がある。

いったい〝何キッカケ〟でスイッチが入るのかはわからないが、これは「気性難」ではない。

ロベルト系特有の「旬の時節がある」ということ。昔のブライアンズタイム産駒みたいな感じだ。

キタサンブラック産駒。

こちらは、単純に超強い産駒、イクイノックスやソールオリエンスが出る一方で、弱い産駒に気性難タイプが多い。成績が上がっていかないのだ。注意してほしい。

藤沢和厩舎のようなカリスマ厩舎がない今は、こうやって「種牡馬ごとの気性」を複勝馬券に反映させていくのが最良だと思う。

馬連向きの馬の罠……「安定」のイメージに騙されるな

元祖主役の馬券。

だが、「馬連向きの馬」という概念はむしろ「持たないほうがいい」。

これがコツ。

なぜか。

馬連向き、と見てしまうと「成績が安定している馬」に行きついてしまう。

これがまずいのだ。

競馬力が落ちる。ガッツリ落ちる。

本当だ。すごく落ちる。

いわゆる「連軸」という視点で見ると、前出したような、「成績が安定しているだけで勝ち切れない馬」とつき合いたくなる。

つまり、あまり連軸という観点は持たないほうがいいのだ。

もし、馬連で流し馬券を買うとしても、単勝向きの馬から流す。

こういう気持ちを持ってほしい。

そうすると、競馬力が上がる。勝ち切れる本当に強い馬が見えてくる。

さらには、当然のことながら「馬単で強い自分」にもつながる。


かつて、日本の競馬ファンは、単に近走成績が安定している馬に騙される傾向があった。

90年代後半～2000年初頭の頃だ。

今、その傾向は減っている。

ファンが全体的にレベルアップしているのだろう。

しかし、それでもまだ根強く残っている部分でもある。

アライバル。ククナ。フローラルマジック。ハートレー。グランデッツァ。

こういう馬たちだ。気性難の項目でも登場した馬もいる。

けっこうに人気になっていたはず。

注意してほしい。

連軸という言葉に惑わされなければ、成績が「まとまっているだけ」「安定しているだけ」だと、見抜けるようになる。


勝ち切れる馬と、「連軸」扱いされるけれどイマイチのまま終わる馬。

その差が見抜けないのですが、何かコツはないですかというファンは多い。

ひとつ、簡単なコツがある。

まず。

2着と3着は全然違うという感覚を持つこと。

競馬には「連対」という言葉がある。

1着か2着を指す。

3着ではダメなのだ。

ここで、「2着は限りなく1着に近い」ということを知っておきたい。

自分が走っている気持ちになって、馬目線で、レースの中に入ったようにして、シミュレーションしてみてほしい。

2着は勝ち切る寸前の着順だとわかるはず。

レースVTRを、ゴール後までじっくりよく見る。

レースVTRをしっかり見る。

時に、ゴール後あたりまで見る。

すると、実際は2着だが、「ゴール直後には1着になっている馬」がいる。

こういうのが、勝ち切れる馬だ。

逆に。

単純に、1着馬には追いつける気配がなく、3着馬をクビ差凌ぎました、みたいな2着馬もいる。

こういうレースが、1回だけではなく〝続いて〟しまっている……なのに人気になる、それが「アヤシイ連軸」だ。

単勝の延長線上にある、馬単向きの馬

この章では、枠連は省くことにする。

さすがに、あまり必要ないと感じるからだ。

逆に、前章では省いた『馬単』という馬券について触れておこう。

馬単。

これは「単勝さえ獲れる自分」になれば、原理的にけっこう取れる。

この馬単というのは、1着、2着を、順番に当てる馬連だ。

要は、単勝で勝ち切れる強い馬さえわかればいいのだ。

それを馬連でも買える人は、当然、馬単でも勝てる。むしろ強いくらいだ。

馬単向きの馬＝単勝向きの馬。

馬単で強い人＝そもそも馬連で単勝向きの強い馬を買う癖がついている人。

この図式を知っているどうか。

これだけで十分だ。

単勝と馬単は、密接な関係がある。

そして、意外と……。

馬連と馬単は、密接な関係がないのだ。

この原理がわかると馬券に強いと思う。

連軸主義だと、馬連派に近くなり、そしてその馬連すら弱くなるのは前述の通り。

順番的には。

単勝から入り、馬連を買うようになること。

単勝から入り、馬単を買うようになること。

こういう順番が正しい。

ワイドに向かない馬はハッキリしている

ワイド向きの馬。

これはけっこう難しい。

それこそ「連軸」みたいな馬、という話になってしまう。

しかしそれはもう、もう単なる「3着連発ホース」。

若い頃のステイゴールドじゃないか、という感じもする。

関係ないが、やっぱり強くなってからのステイゴールドのほうがかっこよかったですね。

〝そもそも論〟になるが、「この馬券を買うための馬」みたいな視点は持たないほうがいいかもしれない。むしろ邪魔な視点のような気もしてしまうのだ。

ただ、ワイドの場合、ひとつコツがある。

それは『脚質』だ。

追い込み脚質の馬は、「気性が安定している馬でも不発」というのがつきまとう。

この辺りはイメージ通りでいいと思う。

それから「切れ味のない馬」。

わかりやすくいうと、上がりタイムが速くなるとアップアップになる馬。

自身はよく走れているのに、展開がスローだと上位まで来ない。

そういう意味では、ワイド向きではないかもしれない。

今だと、モーリス産駒全般が、この「切れ味負け」する傾向がある。

結局、今の競馬で、各馬券の一番の手がかりになるのは、「種牡馬をよく見ること」ということなのかもしれない。

モーリス産駒はたくさん出てくる。「モーリスだから切れ負けするかもしれない視点」を持つだけで、馬券に強くなるし「ワイドでも不安だよな」という視点も持てる。思い切り切れ負けしてしまったら、「力を出せても3着もない競馬」というのが多発するからだ。

まとめたい。

もちろん、**成績が安定している馬は、ワイド向き。**

そのうえで『極端な追い込み脚質』や『モーリス産駒のような上がりタイムに好走・凡走が左右される馬』には注意したい。

ここでは重要なファクターは『脚質』と『種牡馬』ということだ。

特に夏競馬ならではの3連複の戦略とは

これは、ほぼ、ワイドと同じ見方でいいと思う。

要するには、「キチンと勝ち負けまで加わってきそうな手応えがある馬」だ。

こういうのが2頭いる時に、買う馬券だと思う。

ここでひとつ、「良い手」を披露したい。

コース巧者を絡めた、2頭軸。

こんな買い方だ。

特に夏競馬で有効。

2023年、函館スプリントS。

僕は、トウシンマカオ（結果は3着）の単複を買っていたが、もう1頭、気になる馬がいた。

ジュビリーヘッドだ（結果は2着）。

これが前年のこのレース2着馬で、いわゆるリピーター。

生粋の「北海道の洋芝巧者」なのだ。

前年の2022年は、青函S（2着）で単複を買った思い出がある。

人気になっていたブトンドールも、成績的には函館巧者。だが、昔のサダムブルースカイのように、「前年の函館2歳Sで勝っているから、巧者と勘違いされて人気になる馬」は一定数いる。

なので「これを有力視しない」というのも、センスのひとつ。

つまり。

強いトウシンマカオ、コース巧者のジュビリーヘッド、この2頭を軸にした、3連複流し（で、上手いこと勝ったキミワクイーンを押さえられたら）を買う手はあるなと思う。

1着、キミワクイーン・3番人気

2着、ジュビリーヘッド・5番人気

3着、トウシンマカオ・1番人気

3連複の配当は、3600円。

これなら、まずまず良さそうだ。

参考にしてみてほしい。

3連単に必須の存在、それは「絶対勝つ馬」だが……

難しい。だが、「絶対勝つ馬」。

これがいれば、それを1着固定にしてしまえばいいのかとも思う。

現役馬だと、要は「２０２３年のイクイノックス」だ。

２０２２年の、年始だと、エフフォーリアを固定してしまいそう？？

それは仕方ない。

僕もそうなる。

あの馬が、あんな４歳シーズンになるなんて、なかなか予測できないことだ。

エフフォーリアのなぜかボロボロの４歳シーズンを見たからこそ、エピファネイア産駒に「エピファ・タイマー」なんて名称が付いたのだから。

せっかくの機会だ。

この「エピファ・タイマー」の正体をさらに詳しく解説しよう。

通称、エピファ・タイマー。

これ、勘違いしてはいけない。

エピファネイア産駒は『早熟』や『成長力不足』ではない。

現に、3歳時に弱くて、4歳や5歳から強くなる馬だっている。

ジャスティンカフェがそうだ。ブローザホーンもそうだ。

いきなり弱くなる現象、エピファ・タイマーの正体。

それは、ロベルト系特有の「一定期間ゾーンに入ったような固め打ち」が終わったということ。

わかるだろうか。

やはり、かつての同じロベルト系、ブライアンズタイム産駒を思い浮かべるといい。

昔、ブライアンズタイム産駒にも、ほぼ同じ現象が起きていた。

ダンツフレーム。

実は、エピファ・タイマーの正体を探る時に、これが一番の好例だったりする。

ダンツフレームは、3歳春と、4歳春だけ、とても強かった。

この馬が、3歳秋と、特に4歳秋にあまり強くなかった原理のようなものは、本当に説明がつかないのだ。

4歳の春〜夏に、宝塚記念でド根性を発揮して、悲願のGI初制覇。しかし充実期であるはずの4歳に、どんどん沈んでいった。

これはちょっと説明がつかない現象で、「だってブライアンズタイムらしさが溢れている馬だから」としか言いようがない。

話を戻そう。

決定力があって、勝ち切ることが濃厚な強い馬を、3連単の軸にするのはありだと思う。

ちなみに。

エピファネイア産駒も、ブライアンズタイム産駒も、強くて決定力がある。

充実期でさえあれば。

このあたりもヒントになりそうだ。

第3章

あなたの武器は何か

攻める!守る!馬券の組み合わせ方

武器は単勝＋複勝、問題は比率だ

基本的に、僕は単複派だ。

ご存知、単勝と複勝がセットの馬券となる。

これが一番良い意味で「安定」している。

控除率が優遇されていることも、わりと有名な話。

しかし、それはあまり〝実感〟はできない。

ただ、年間トータルで収支を見ると単複のほうが効率は良いし、何年にも渡り競馬をやっていると プラスになる年もある。

それよりも。

第1章の単勝の項目でも触れたが、スポーツ的に競馬を見ることができる。

競馬を見る目も肥えてくる。

複勝の項目でも触れたが、馬券に「防御力」も加わる。

単勝が外れても〝引き分け〟がある。

これが凄くいい。

問題は、単複の比率だ。

かつて、単複と言えば「単勝1：2複勝」という比率が流行した。

僕も昔はこの比率だった。

ただ、近年は複勝重視にシフトしている。

単勝1：複勝3
単勝1：複勝5

結局は、このくらいの比率で単複を買うのが一番良い馬券だと感じている。

特に、「単勝1：5複勝」だけで半年間くらい過ごした時の安定感といったら、何物にも代えがたいものがある。

これが「僕の結論」だ。

繰り返すが、馬券は『攻撃の馬券』と『防御の馬券』を組み合わせるのが最良。

単複は、おそらく日本で最初に誕生した、攻撃と防御を組み合わせた馬券だろうと思う。その効能は、今もとても優れたものだと感じる。

辿りついた極み、それは単勝＋複勝＋ワイド

これを、よく使っている。

何年も使っている。

僕は2000年初頭に『馬単位』という競馬のやり方を世に発表することになった。

この『馬単位』というのは、「このレース、どの馬が来るかな」という見方を、「この馬、どのレースなら来るかな」という見方に変えるものだ。

横の比較を、縦の比較に変えるようなイメージ。

そうやって、待っていた馬が、待っていたレースに出てきた時だけ買う。

そのため、前述した「単複」が一番買いやすいわけだ。

そして、待っていた馬がもう1頭被って出てきた時に、単複を買った馬と併せてもう1頭、その馬のワイド1点を買うパターンを確立している。

この3点買いは、最高の「馬券のビルドアップ」だと思っている。

本書の発売は、2023年、10月。

では、「例えば」の一例として、今年の有馬記念での使い方を予測してみよう。

ここでの「狙っている馬」はあくまで現時点（夏）でのもの。正確にはジャパンCが終わってから決めることになる。

あくまで、「買い方」の一例としての話だ。

狙っている馬は、4歳日本総大将、イクイノックス。

ジャパンCも勝ち負けで（ここではそういうことにして）、順調に出てきた現役最強馬を、有馬記念で待っていた。

しかし、もう1頭、どうしても気になっている馬がいる。

菊花賞は負けたが（これもまた、そういうことにして）、有馬記念で強い、『その年の中山で行なわれた別定GⅡ以上のレースを勝っている』日本ダービー馬、3歳のタスティエーラだ。

ダービー馬になったのは、ダミアン・レーン騎手の名騎乗のおかげもあった。

しかし、弥生賞の勝ち方こそこの馬の真骨頂であり、器用さがある。皐月賞も一番器用に走って、2着に健闘している。「有馬記念での良いパターーン」に入っている1頭。

春の時点では、世論が「この馬は東京向き」だとも言っており、それは日本ダービー制覇という形で現実のものとなったが、あの日本ダービーを見た後でも、コースを問う馬ではないとはいえ、まだどちらかというと「中山向き」だと感じる。

それほどまでに、弥生賞は器用でパーフェクトな走りだった。つまり、有馬記念向きだとも思う。

そこで馬券は、こう組み立てる。

・メイン馬券：イクイノックス　単勝1：5複勝
・サブ馬券：イクイノックス―タスティエーラ　ワイド1点
これを、例として金額で〝表現〟すると……。
単勝1000円　複勝5000円　ワイド500円

こういう感じだ。

繰り返すが、もちろんこれらは仮定の狙い。

現実的な話をすると、もう1頭の現役最強馬、ドウデュースの動きも見ながらになる。

ソールオリエンスも皐月賞馬。「その年の中山別定GⅡ以上を勝っている馬」に該当するから、秋の動き次第では、こちらがサブ馬券のパートナーになる可能性もある。


とにもかくにも、「買い方」として、この形は凄く優秀という話。

僕の中では、最高の馬券だと思っている。

ワイドって、本質的にはこうやって使うのがいいのだろうなとも思う。

競馬で、「絞って、絞って、辿り着いた2頭がワンツーフィニッシュを決める」などというのはとても稀なこと。それこそ、何度も言うように「運」という要素が大きい。

何か得体の知れない馬に、一世一代の激走や、展開ドハマリの爆走でもされたら、それだけでパーになる。

そういう偶発的な現象を、いい意味で〝パス〟して、1着・3着でも良く、2着・3着でもいいのだから、「その2頭を好走させること」なら、こちらの「実力」でもできる。

そう、馬券というものは、基本的に「実力で勝つんだ」という意識を持ちたい。

これがないと、進歩しないし、自分が向上もしないのだから。

元祖のペアは「馬連＋ワイド」

以前、買っていた時期もあった馬券。
この買い方は今の時代でもアリだと思う。
馬連で買った馬券を、もう一度「守るように」して、押さえ的にワイドでも買う。
例えば。

・馬連
1―3　300円
1―5　300円
1―6　300円

・ワイド
1―3　600円
1―5　600円
1―6　600円

攻撃的なほう（ここでは馬連）が当たると、守りの馬券も当たる。つまり両方当たるということの原理は、

単複と同じ原理だ。

ビルドアップ（馬券を組み立てる）がテーマのこの本にとって、一番基本的で、かつ、使いやすいのがこの馬券のように感じる。

たくさんの馬券を組み合わせると、買っている自分自身でもわけがわからなくなってくるから、この馬券は「自分が理解できる範疇で、ゴール前のシーンを眺めることができる馬券」で、わりと使い勝手がいいと思う。

この馬券のように、馬券のビルドアップの基本に、攻めと防御を合体させるイメージでつくり上げるのがいい。

攻撃的な「攻める馬券」と、押さえ的な「守る馬券」だ。

そのうえで、重要なことは「攻撃の馬券が当たると、防御の馬券も当たる」という状態にしておくことだ。

馬連＋ワイド。

馬券ビルドアップを語るうえで、単複に続く基本であり、一番使い勝手がいい馬券だ。

複勝＋馬連、ここに付け加えるならやっぱり……

単複が消えているが、複勝は入っている。

複勝＋馬連。

けっこう、ありかもしれない。

まず、「狙い馬」（馬単位で競馬をする僕は「本命馬」という概念を持たないのでこの表現）の複勝を買う。

普通の予想の人は、狙い馬＝本命馬と思ってもらっていい。

そして、その馬から流して買っていくイメージ。

例えば。

２０２３年、安田記念。

僕が単複を買おうと狙っていたのは、３番人気のセリフォス。

結果は２着だった。

これを、複勝＋馬連に当てはめてみよう。

セリフォス　　　　　　　　　　複勝：２０００円

セリフォス－シュネルマイスター　馬連５００円

セリフォス－ソングライン　　　　馬連３００円

セリフォス－ソダシ　　　　　　　馬連３００円

セリフォス－ジャックドール　　　馬連２００円

セリフォスーソウルラッシュ　　　　馬連200円
計、3500円購入。

こういうイメージだろうか。
結果、セリフォスの複勝は、210円。
セリフォスーソングラインの馬連は、1890円。
まずまずだろうか。
ただ、どうしても、ここではたとえ外れでも、単勝を入れたくなる。
単勝のほうが攻撃的だし、馬券の本流のような気がするからだ。
単勝＋複勝　＋　馬連。
この形のほうが、王道形態かもしれない。

新時代のペア①　単勝＋複勝＋3連複

やればできないことはないが、けっこう難しい。
そんな印象だ。
単勝＋複勝＋3連単。
ん……。何かを思い出す。

そうか、『組み立て式予想』だ。

昔、僕が、馬券の効率を上げるためにと最初に書いた本。

その後、単複が一番効率的だとわかり、単複派にシフトしていくことになる。

当初は「組み立て予想」と思っていたが、編集者の意向で『組み立て式予想』となった。


単勝＋複勝＋３連単。

やはり、１頭の「自分が買うべき馬」が決まっていてこそ、こういった変則的な買い方ができると思う。

なので、自分の買うべき馬を見つける力を鍛える馬券、単複を先にマスターすることをお勧めしたい。

変則的と、今、書いた。

そう、実は僕は「１頭と向き合う馬券・単複」以外は、すべてが変則的な買い方だと思っている。

単複はスポーツ。そう思う。

つまり、それ以外の馬券、もしくは、それに何かをくっつけていく馬券は、変則的であって、変則的にするとどうなるかというと、要はどんどん『ギャンブル化』していくと思っている。

変則ののち、単複馬券も入れなくなったら、それは「競馬の本質的な楽しみ方」よりギャンブルに近くなると感じる。


ただ、競馬というのは、基本的にはギャンブルだ。

すべては、競馬ファンの馬券代で成り立っていること。

そのうえで、「どこまでスポーツライクに楽しむか、どこまでザ・ギャンブルとして楽しむか」のサジ加減を、

自分の中でしっかり持っておきたい。

それが、『馬券ビルドアップ』を語るうえで、精神論的な意味での柱となる。


２０２２年、東京新聞杯。

このレースも、単複の他に、もう1頭、待っていた馬が被って同じレースに出てきて、メイン馬券『単勝＋複勝』＋サブ馬券『ワイド1点』をやった。

待っていたのはカラテだ。

もう1頭待っていた馬とは、イルーシヴパンサー。

単複カラテ　＋　ワイド1点：カラテ―イルーシヴパンサー

こう買った。

結果は1着、イルーシヴパンサー（4番人気）、2着ファインルージュ（1番人気）、3着カラテ（2番人気）。

複勝とワイドが当たった。

ただ、こういう時に、単勝＋複勝＋3連複のほうを買うことは、「ありえる話」だと思う。

つまり、こう変則化してみる。

単勝カラテ　複勝カラテ
3連複　カラテ—イルーシヴパンサーから、5～6頭流し

2着のファインルージュは1番人気の馬だから、普通は押さえるはずで、この形だと、複勝と3連複が当たることになる。

複勝の配当は、140円。

3連複の配当は、1730円。まずまずか。

僕の実際の馬券は、単勝・複勝＋ワイドだったわけだが、単複の比率は1：5で、配当が140円だから、単複だけでもプラス収支になっている。

そこをワイド1点で補完した形。

ちなみに1点買いしたワイドの配当は430円。

余談だが、カラテはここからグングン力をつけていくが、人気はグングン落ちていった。

ひだか産の、トゥザグローリー産駒。

地味だからだろう。

翌年、2023年。新潟大賞典で7歳カラテの単複を買ったが、この時は5番人気。

不良馬場の中を、59キロを背負いながら、圧勝。

配当は、単勝が780円、複勝310円。

東京11R

WIN5⑤

発馬 15.45

第72回 東京新聞杯 (GIII)

馬齢 四才上オープン・別定　芝1600

	白1 ①	黒2 ②	黒2 ③	赤3 ④	赤3 ⑤	青4 ⑥	青4 ⑦	黄5 ⑧	黄5 ⑨
父	キングカメハメハ	ディスクリートキャット	ルーラーシップ	キズナ	キングズベスト	キズナ	ロードカナロア	ディープインパクト	トゥザグローリー
馬名	アオイクレアトール	ワールドバローズ	ディアンドル	マルターズディオサ	トーラスジェミニ	ファインルージュ	ケイデンスコール	ドナアトラエンテ	カラテ
母	ハイエストホワイト	ポーシア	グリューネワルト	トップオブドーラ	エリモエトワール	パシオンルージュ	インダクティ	ドナブリーニ	レディーノパンチ
毛色	芦毛	鹿毛	黒鹿	青鹿	鹿毛	鹿毛	鹿毛	黒鹿	黒鹿
斤量	56 牡5	56 牡4	56 牝6	56 牝5	58 牡6	55 牝4	59 牡6	54 牝6	57 牡6
騎手	内田博	和田竜	替 石川	替 松岡	替 横山武	ルメール	替 石橋脩	替 Mデムーロ	菅原明
厩舎	美 古賀慎	栗 石坂公	栗 奥村豊	美 手塚	美 小桧山	美 木村	栗 安田隆	美 国枝	美 高橋祥
賞金	2400	2400	7800	7900	8450	5900	10,400	3150	6550
総賞金	7460	7060	17,780	17,180	19,550	14,390	21,600	9470	13,180
馬主名	新谷幸義	猪熊広次	シルクR	藤田在子	柴原榮	六井元一	サンデーR	サンデーR	小田切光
牧場名	社台F	大島牧場	ノーザンF	天羽禮治	川上牧場	ノーザンF	ノーザンF	ノーザンF	中地康弘
佐藤直	△	△				◎		△	注
小野智		△				○		△	注
久光				注	△	○		◎	△
西田	△					○			○
中田				△	初注	○	△		▲
本紙武井	△	西	西	▲	B△	◎	西	△	○
距離 (1200/1400/1600/1800)	東1327① 新1470⑯	阪1215② 阪1338②	京1080① 京1223⑬ 東1318④ 小1457③	京1096⑧ 阪1200② 東1322⑨ 東1458③	芋2001④ 芸2256⑭ 東1321⑥ 東1459⑪	新[illegible]② 東[illegible]1 阪[illegible]③ [illegible]① 2	芋1599⑫ 阪1212⑨ 阪1314① 中1449②	中1341⑭ 東1448①	[illegible]⑨ [illegible]⑦ 中[illegible]⑤ 東[illegible]⑩ 3
上り最高	芙33.6①	芙33.4②	芏33.7①	芙33.3②	天34.0④	芙33.7③	芙33.1②	天32.7②	芙34.0①
騎乗成績	0010	3401	初騎乗	初騎乗	初騎乗	2100	1102	初騎乗	4103
クラス実績	0011	0001	5 1 1 11	2217	4 0 1 15	2111	3 2 0 14	0104	2103
当該条件	3320	0100	0001	0001	0003	初コース	0103	初コース	2002
前走4	2東 5月16日 ⑧ 西上オ 1 2勝 4ﾀ9頭 芙1332 57 ルメール S ④③③ 486 人気1 先行伸 ½身 364中336 レッドライデン 1333 0.1	3阪 6月19日 ❶ 2 2勝 2ﾀ7頭 天外1361 54 和田竜 S ③③③ 450 人気1 好位伸 1½ 366内356 スカーフェイス 1359 0.2	2東 5月16日 ⑧ ヴィクト 4 牝GI 14ﾀ18頭 芙1318 55 団野 S ⑤⑤④ 496 人気14 伸一息 4½ 351中338 グランアレグリ 1310 0.8	2東 5月16日 ⑧ ヴィクト 9 牝GI 7ﾀ18頭 芙1322 55 田辺 S ⑧⑦⑦ 450 人気7 中位まま 7身 352中340 グランアレグリ 1310 1.2	1福 7月11日 4 七夕 1 GIII 4ﾀ16頭 芋2022 57 戸崎圭 M ②②② 466 人気2 先行抜出 クビ 360中370 ロザムール 2022 0.0	2東 5月23日 ⑩ オークス 11 牝GI 13ﾀ18頭 芸2255 55 福永 M ⑨⑬⑮ 494 人気4 後方まま 6身 365中351 ユーバーレーベ 2245 1.0	3東 6月6日 ② 安田 10 GI 12ﾀ14頭 芙1326 58 岩田康 S ⑨⑨⑧ 470 人気5 中位一杯 5¼ 359外339 ダノンキングリ 1317 0.9	1新 4月24日 ⑤ 福島牝馬 2 牝GIII 13ﾀ15頭 天外1469 54 川田 S ⑦⑥⑥ 458 人気1 中位伸 ハナ 368中337 ディアンドル 1469 0.0	3東 6月6日 ② 安田 13 GI 4ﾀ14頭 芙1330 58 菅原明 S ⑪⑫⑫ 526 人気10 後方まま 7½ 364内341 ダノンキングリ 1317 1.3
前走3	3新 7月31日 ③ 16 3勝 14ﾀ17頭 天外1470 57 三浦 S 3④③ 486 人気5 先行一杯 10½ 355中356 アナザーリリッ 1452 1.8	5中京 9月20日 ⑤ オルフェーヴ 1 2勝 8ﾀ12頭 芙1349 55 和田竜 S ②④④ 448 人気1 好位抜出 クビ 374外345 アトリビュート 1349 0.0	3小 7月18日 ⑥ 中京記念 8 GIII 10ﾀ12頭 天1470 55 団野 S ①①① 502 人気4 逃一杯 4¾ 359中355 アンドラステ 1462 0.8	4中 9月12日 ② 京成AH 8 GIII 7ﾀ16頭 天外1324 55 田辺 M 15⑮⑭ 448 人気4 出遅る 2¼ 368中336 カテドラル 1320 0.4	2札 8月22日 ④ 札幌記念 10 GII 5ﾀ13頭 芋2008 57 横山和 M ①③⑤ 472 人気7 逃一杯 8¼ 349内365 ソダシ 1595 1.3	4中 9月11日 ① 紫苑 1 牝GIII 11ﾀ18頭 芋内1582 54 福永 S ⑥⑥⑤ 496 人気2 好位抜出 1¾ 363中342 スルーセブンシ 1585 0.3	4東 10月10日 ② 毎日王冠 9 GII 10ﾀ13頭 天1458 57 岩田康 M ⑤⑥⑥ 474 人気5 中位一杯 6¼ 365内346 シュネルマイス 1448 1.0	1函 8月1日 ⑩ クインS 11 牝GIII 5ﾀ12頭 天1488 55 川田 M ②②② 462 人気2 先行一杯 5½ 360中367 テルツェット 1478 1.0	4新 8月15日 ② 関屋 2 GIII 13ﾀ17頭 天外1329 56 菅原明 S ⑩⑦⑦ 520 人気6 中位伸 1¼ 359外340 ロータスランド 1327 0.2
前走2	4東 10月30日 ⑦ 1 3勝 13ﾀ16頭 芙1327 55 ルメール S ②②② 484 人気2 内つき伸 クビ 354内344 オールイズウェ 1327 0.0	4阪 10月24日 ⑥ 2 3勝 14ﾀ14頭 天外1338 55 和田竜 S 8⑤④ 452 人気6 漸進伸 2½ 369中334 エアファンディ 1334 0.4	2福 11月14日 ④ 福島記念 13 GIII 5ﾀ16頭 芋2010 55 菅原明 H ③③③ 504 人気10 好位一杯 11身 343中385 パンサラッサ 1592 1.8	4東 10月16日 ③ 府中牝馬 3 牝GII 14ﾀ18頭 天1458 54 田辺 S ⑩⑬⑪ 450 人気8 後方追上 1½ 370外335 シャドウディー 1456 0.2	4東 10月10日 ② 毎日王冠 11 GII 13ﾀ13頭 天1459 56 丸山 M ①①① 472 人気6 逃一杯 6¾ 348内357 シュネルマイス 1448 1.1	4阪 10月17日 ④ 秋華 2 牝GI 14ﾀ16頭 芋内2013 55 ルメール S ⑪⑩⑩ 494 人気2 中位伸 ½身 385外355 アカイトリノム 2012 0.1	5阪 11月21日 ⑥ マイルCS 10 GI 6ﾀ16頭 天外1333 57 岩田康 S ⑨⑬⑬ 474 人気12 後直だけ 4身 369中332 グランアレグリ 1326 0.7	4東 10月16日 ③ 府中牝馬 4 牝GII 15ﾀ18頭 天1459 54 ルメール S ⑧⑩⑪ 450 人気3 中位伸も 1¾ 367中336 シャドウディー 1456 0.3	4中 9月12日 ② 京成AH 5 GIII 10ﾀ16頭 天外1322 57 菅原明 M ⑧⑦⑦ 532 人気3 中位差詰 1¼ 356外344 カテドラル 1320 0.2
前走	5東 11月27日 ⑦ キャピタ 3 L 13ﾀ17頭 芙1333 56 内田博 M 9⑧⑥ 490 人気8 中位伸 1½ 353中345 プリンスリター 1330 0.3	1中京 1月22日 ⑦ 1 3勝 3ﾀ7頭 芙1348 55 和田竜 S ⑥⑥⑤ 452 人気1 中位差切 1身 362中343 ソウルトレイン 1349 0.1	1中京 1月5日 ① 京都金杯 16 GIII 5ﾀ16頭 芙1346 55 Cデムーロ M ⑦⑦7 506 B 人気6 中位一杯 10¼ 352外362 ザダル 1329 1.7	5中 12月18日 5 ターコイ 8 牝GIII 14ﾀ16頭 天外1334 56 田辺 M ⑪⑨⑨ 456 人気2 中位まま 3¾ 351中357 ミスニューヨー 1328 0.6	1中京 1月5日 ① 京都金杯 13 GIII 14ﾀ16頭 芙1340 575 原 M ③④④ 478 人気13 好位一杯 6¾ 350中358 ザダル 1329 1.1	3ヵ月半 放牧 乗込み4週間 仕上り○ 連対体重 482〜496 3ヵ月以上休 ①②③外 1110	6阪 12月25日 ⑦ 阪神カップ 9 GII 15ﾀ18頭 芸内1212 57 岩田康 S ⑯⑯⑰ 478 人気9 後方差詰 5¾ 359内342 グレナディアガ 1203 0.9	5中 12月18日 5 ターコイ 14 牝GIII 10ﾀ16頭 天外1341 55 ルメール M 14⑨⑨ 468 人気5 S後接触 7¾ 351外364 ミスニューヨー 1328 1.3	1中 1月8日 2 ニューイ 1 L 7ﾀ16頭 天外1334 58 菅原明 S ⑨⑩⑩ 532 人気1 G前差す クビ 362外343 グランデマーレ 1334 0.0

620 コア
410 55レーン

記号の説明

厩舎左側の㊌㊎は
㊌…関東・美浦所属
㊎…関西・栗東所属
賞金左の記号は重の巧拙を表します
◎…得意 △…苦手

馬場表示

■ ❶ □ ① 開催日の馬場状態
↓ ↓ ↓ ↓
不良 重馬場 稍重 良馬場

乗替り記号

㊫…ベスト10外の騎手からベスト10への乗替り
㊬…それ以外

開催場所・月日
開催日・着順
条件・枠・頭数
距離・タイム
斤量・騎手名
ペース・通過順
馬体重・人気
戦評・馬身差
前半・上り③F
①②着時計・秒

●2022年2月6日・東京11R東京新聞杯（GⅢ、芝1600m）

1着⑪イルーシヴパンサー
（4番人気）
2着⑥ファインルージュ
（1番人気）
3着⑨カラテ
（2番人気）

単⑪ 530円
複⑪ 160円
⑥ 150円
⑨ 140円
馬連⑥－⑪ 1000円
馬単⑪→⑥ 2240円
ワイド⑥－⑪ 430円
⑨－⑪ 430円
⑥－⑨ 410円
3連複⑥⑨⑪ 1730円
3連単⑪→⑥→⑨ 8750円

15 桃8	14	13 橙7	12	11 緑6	10
ルーラーシップ	ハーツクライ	キングカメハメハ	ジャスタウェイ	ハーツクライ	リアルインパクト
カレンシュトラウス	カテドラル	ホウオウアマゾン	ヴェロックス	イルーシヴパンサー	エイシンチラー
アグネスワルツ	アビラ	ヒカルアマランサス	セルキス	イルーシヴキャット	エーシンサーフィン
鹿毛	鹿毛	栗毛	鹿毛	黒鹿	鹿毛
56 牡5	58 牡6	57 牡4	57 牡6	56 牡4	54 牝4
津村	戸崎圭	坂井	三浦	田辺	柴田大
平田	池添学	矢作	中内田	久保田	田中剛
2400	7700	5000	6100	2400	2400
6110	18,010	13,190	22,060	6390	5440
鈴木隆司	キャロットF	小笹芳央	金子真人HD	幕間膳文	栄進堂
高昭牧場	ノーザンF	ノーザンF	ノーザンF	追分F	栄進牧場
…	△	○	…	▲	△
…	△	▲	…	◎	…
…	△	▲	△	…	…
…	△	注	△	△	▲
…	△	○	…	△	…
… 西	△ 西	注 西	… 西	▲	…
芝2018③ 阪1327① 小1449②	芝2022① 新1212① 中1320① 小1463②	阪1206② 阪1324②	芝1581② 三2128⑨ 京1334⑦ 東1454④	芝20 4② 東13 0① 東14 1①	芝1595⑭ 中1342① 新1480①
芝32.7② 初騎乗	芝33.1⑨ 1001	芝33.7⑤ 0111	芝32.5② 初騎乗	芝33.6① 3000	芝33.1① 初騎乗
0001 初コース	34111 0113	2213 0001	2339 0001	0002 2000	0001 初コース
2阪 4月24日 ⑨ [illegible] 1 2勝11ト11頭 芝外1327 57池添 S ⑤③③ 508 人気1 好位抜出 5身 355中337 サトノソロモン 1335 0.8	3東 6月6日 ② 安田 12 GI 14ト14頭 芝1328 58田辺 S ⑬⑫⑫ 488 人気9 出遅る 6¼ 364中339 ダノンキングリ 1317 1.1	2東 5月9日 ⑥ NHKマイル 9 GI 13ト18頭 芝1326 57武豊 M ②②② 486 人気4 先行一杯 5¾ 339中356 シュネルマイス 1316 1.0	4小 8月15日 ② 小倉記念 7 GⅢ 8ト9頭 芝2010 57浜中 S ④②③ 484 人気2 好位一杯 8身 368外368 モズナガレボシ 1597 1.3	3中 4月18日 ⑧ 皐月 10 GI 4ト16頭 芝内2022 57大野 M ⑬⑯⑫ 472 人気15 後追だけ 9½ 377内372 エフフォーリア 2006 1.6	1福 7月11日 ④ [illegible] 1 牝1勝 1ト14頭 芝1496 52Mデムーロ S ③④② 470 人気3 先行抜出 ¾身 364中361 コーディアル 1497 0.1
4中京 6月12日 ③ [illegible] 1 3勝11ト11頭 芝1328 57池添 S ⑥⑥⑦ 514 人気1 直線一気 アタマ 366外335 フォルコメン 1328 0.0	3小 7月18日 ⑥ 中京記念 2 GⅢ 8ト12頭 芝1463 56福永 S ⑨⑨⑧ 482 人気6 後方伸 ¾身 376外337 アンドラステ 1462 0.1	4阪 10月30日 ⑦ スワンS 3 GⅡ 6ト18頭 芝内1209 54坂井 M ①①① 508 人気3 逃粘る 1¼ 341内353 ダノンファンタ 1207 0.2	4東 10月10日 ② 毎日王冠 7 GⅡ 9ト13頭 芝1454 56浜中 M ⑧⑧⑨ 482 人気7 中位まま 4身 369中338 シュネルマイス 1448 0.6	3東 6月26日 ⑦ [illegible] 1 1勝 8ト14頭 芝1320 54田辺 M ⑧⑧⑨ 466 人気1 中位抜出 1¾ 355中338 スリートップキ 1322 0.2	4新 8月15日 ② [illegible] 1 牝2勝12ト12頭 芝外1480 52Mデムーロ S ⑪⑩⑩ 470 人気1 直線一気 クビ 385外331 マリノソフィア 1480 0.0
4中 9月12日 ② 京成AH 12 GⅢ 12ト16頭 芝外1330 55池添 M ⑪⑪⑪ 524 人気6 鼻出血 6身 364中347 カテドラル 1320 1.0	4中 9月12日 ② 京成AH 1 GⅢ 2ト16頭 芝外1320 56戸崎圭 M ⑫⑨⑨ 482 人気7 G前差す クビ 362中339 コントラチェッ 1320 0.0	5阪 11月21日 ⑥ マイルCS 5 GI 1ト16頭 芝外1330 56坂井 S ①①① 510 人気7 逃一息 2½ 356内337 グランアレグリ 1326 0.4	5東 11月27日 ⑦ キャピタ 6 L 14ト17頭 芝1335 56戸崎圭 M ⑫⑩⑫ 484 人気4 後方差詰 2½ 357外342 プリンスリター 1330 0.5	4東 10月17日 ④ [illegible] 1 2勝12ト12頭 芝1352 55田辺 S ⑨⑨⑩ 470 人気1 余力有 ½身 371外336 リフレイム 1353 0.1	4中 9月11日 ① [illegible] 14 牝G皿10ト18頭 芝内1595 54Mデムーロ S ⑮⑭⑭ 470 人気5 流脚鈍い 7½ 379外343 ファインルージ 1582 1.3
4ヵ月半 鼻出血放牧 乗込み6週間 仕上り○ 連対体重 502～514 3ヵ月以上休 ①②③外 1011	5阪 11月21日 ⑥ マイルCS 9 GI 11ト16頭 芝外1332 57戸崎圭 S ⑭⑭⑬ 492 人気8 後直だけ 3¾ 370外331 グランアレグリ 1326 0.6	6阪 12月25日 ⑦ 阪神カップ 2 GⅡ 3ト18頭 芝内1206 56坂井 S ③⑥⑤ 512 人気4 中位伸 1½ 349内346 グレナディアガ 1203 0.3	1中京 1月5日 ① 京都金杯 7 GⅢ 13ト16頭 芝1334 57浜中 M ⑩⑨⑨ 494 人気10 中位差詰 3¼ 354外348 ザダル 1329 0.5	5東 11月6日 ① ノベンバ 1 3勝 4ト9頭 芝1461 55田辺 S ⑤④④ 472 人気1 好位抜出 ¾身 365中340 シンボ 1462 0.1	1中 1月9日 ③ [illegible] 1 3勝 1ト13頭 芝外1342 52Mデムーロ M ④④③ 470 人気1 好位抜出 ½身 356中349 ウイングレイテ 1343 0.1

実力より人気にならない馬だ。そして。

単勝向きの強い馬でもある。

新時代のペア②　馬連＋3連複

単複が消えている。

この馬券。

ちょっと「買いようがない」と思う。

馬連＋3連複。

単複派に行きつくまでの僕なら、こういった馬券も検討の余地があったが、待っていた馬を買う単複の醍醐味を知ってしまえば、なかなかこういう馬券には手が出ない。

それほど、単複って凄いのだ。


それでは、買い方を練ってみよう。

馬連＋3連複。結局、この馬券も、軸となる馬がいるかいないかだと感じる。

あまり「ボックス馬券で」みたいな発想は持てない。

サジ加減的に、あまりザ・ギャンブル寄りにならないように——。

こう思うからだ。

例えば、こういう買い方はどうか。

2022年、有馬記念。

3歳馬イクイノックスが絶対だと感じていれば、馬連はイクイノックスから流し。あとは2着に来た3歳ボルドグフーシュ（6番人気）が上手く引っかかるかどうか、というイメージ。この、「ボルドグフーシュをちゃんと引っかけられるか」は、難しいが。

そのうえで、サブ馬券として、3連複はイクイノックス（1番人気）とタイトルホルダー（2番人気で思いっきり着外）の2頭軸から流して外すか、もしくは、イクイノックス（1番人気）とジェラルディーナ（3番人気で3着）から流して、そこにまた、上手いことボルドグフーシュも入れられるかどうか、というイメージ。

こうして、後から結果を見て語ると、やはりかなり難しいなと思う。

その結果、仮に上手く当たったとして。

馬連は、1320円だ。

これはちょうどいいと思う。

3連複は、25220円だ。

これが、分析や予想の行為の「労力」として見合うか、どうか。

そこは個人の判断によるところ。

チャレンジするのなら、かなり難易度が高いということを認識したうえで……となる。

新時代のペア③　単勝＋複勝＋3連単

単勝＋複勝＋3連単。ここで「単勝＋複勝」が復活。

これを入れれば、急に「分析できるスポーツ」らしさが出てくる。

本当にそう思う。

単複はスポーツだ。

これを、合言葉に。

単複で買う馬がいるなら、あとはなんでもできそうに思う。

そこから「どうくっつけていくか」だけだからだ。

もしその馬が惨敗したら、もともと当たらない馬券だったのだから、自分の分析が悪かったということ。その時は、あきらめるしかない。


先ほどの2022年・東京新聞杯の例でいうと、カラテの複勝が当たっているし、ここでも当たることになるが、肝心のところで「もう1頭の狙っていたイルーシヴパンサー」を2番手のような評価にしているのだから、単勝は当たらないわけだ。

ここでのスタイルに、しっかり当てはめると……。

単勝カラテ　外れ
複勝カラテ　的中
3連単　カラテ頭流し　外れ
となる。

もし、イルーシヴパンサーから買っていても、カラテは3着。2着ではない。

当てるには、「カラテが2着」というパターンと、カラテが3着のパターンも買わなければいけない。

そして、競馬のレースは〝水モノ〟だから、カラテは凄く頑張って走ってくれて、分析通りに好走しても、4着になるかもしれない。

そうなのだ。

3連単。

この言葉が入ったとたん、運も重要な世界になっていく。

こうなっていくと、本当に難しさだけが際立ってくる。

僕の競馬の辞書に、こういう言葉がある。

「狙っていた馬を好走させるのは実力、狙っていた馬が1着に勝ち切るのは運」

もちろん、人気に関わらず、実は力が抜けていて圧勝するような馬は、仮に何回レースをしても1着になるだろう。それはその馬の実力だし、それを見抜いていた馬券を買った人の実力でもある。

カラテは「実力があって人気にならない馬の典型例」みたいな馬なので、またこの馬のレースを例に出すが、5番人気だから楽勝した不良馬場の新潟大賞典は、何回やってもカラテが勝つと思う。また、手前味噌ながら、この馬の単複を買っていたのは、僕自身の実力だとも思う。

しかし、多くの場合、競馬とは「こうはいかない」のだ。

2023年、札幌競馬開幕週の、しらかばS。

洋芝巧者だと思って狙っていた。シュバルツカイザーの単複を買った。

ワージブ系のダークエンジェル産駒で、上のクラスに行けば限界があるが、オープン特別で得意の洋芝なら好走できそうと思っていた。

レースは、少し出遅れたが、池添騎手がすかさずリカバー。馬群に突っ込んでいって、4コーナーでは綺麗に外へ持ち出す、好騎乗だった。

ただ、直線は、逃げていた馬が1頭、抜けている状態。

これを必死に追ってくれたが、ハナを並べるような形でフィニッシュ。

1着か、2着か、同着か。わからない際どさとなった。

写真判定。

その後、1着とわかった。

ここで「狙っていた馬を好走させるのは実力、狙っていた馬が1着に勝ち切るのは運」の格言に当てはめると、「シュバルツカイザーが好走したのは見抜いていた僕の実力、シュバルツカイザーが1着に勝ち切ってくれたのは、ただの運」となる。

自慢気なのか謙虚なのか、よくわからない書き方になってしまうが、言いたいことは「1着、2着、3着」を当てるのは、やはり運によるところが大きいということ。

単複＋3連複。

単複＋3連単。

どちらがオススメかと聞かれれば、前者のほうだと答えたい。

決めた「ペア馬券」は、一定期間は試したい

そう、そう、そう、そう。

これが、世の「オジサン会話」の、返事の典型例だ。

世のオジサンたちは、なぜか「そう」と「そう、そう、そう」という返事しかしない。しないというか、できないようだ。

この、「そう」。

何を意味するか。

この返事の本質は、『おまえが俺に教えてるんじゃなくて、そのことは俺もわかっている、むしろ俺が先にわかっていた』と言いたい。

こういうことだ。

オッサンたちの会話は、逆に「へぇー、そうなの？？」などが少ない。

自分が、〝初めて知った感〟や〝改めて知った感〟を嫌うようだ。


さて。

これで行くか、という「自分の買い方」が決まったら、その買い方は、一定期間は変えずに試したい。

基本的に「効率の良い買い方」、「買い方が良かったからこそ勝てた馬券」、これらは、一喜一憂しながらレースごとに変えていくものではない。

1カ月はこの買い方で、とか、2カ月はこの買い方で、とか、一定期間は固定して試すものだ。

いちいち買い方を変えると上手くいくほど、器用な人はいない。

これは何も、いくつかの馬券を組み合わせた「ペア馬券」だけに限った話ではない。

日頃の、普通の馬券にも当てはまる話だ。


例えば。

土曜日は3連複、日曜日は3連単。

その根拠はなんだろうか。

これは、要はその場の「思いつき」ではないか。

おそらく、オッズを見て決めているのだと思う。

というよりも、刹那的に「今、勝とう」として、オッズを見て買えているという感じだろうか。

結局、それが一番効率が悪いと思う。

余談だが、僕はそもそも「オッズ」を見ない。

馬券とは、「自分の分析結果を表すもの」と思っているぶん、あまり「これでお金を増やそう」という発想が湧かない。

競馬で、いわゆる馬券で買つ人というのは、全体像の10%とか15%なのだ。

競馬分析と馬券購入を極め抜いている猛者か、その年にたまたま超強運だった人か……。そんなところだ。

それは、ちょっとやそっとの「器用さ」ではない。

「超絶、器用にやり切れた人」だ。

その中で、少しでも効率良く勝つ馬券を「つくろう」「セッティングしよう」とするのだから、年間馬券トータルプラスなんて、並大抵のことではないのだ。

あなたはそこまで器用だろうか。

僕はそこまで器用ではない。

世の中には、「予想上手の馬券下手」という言葉があるそうだ。

これは違うと思う。

本当はそんなものはない。

馬券とは、『分析力の体現』なのだ。

そもそも馬券で表現できないなら、そもそも予想が上手でもない。

そう思う。

それなら、いちいち「器用になる」ことは諦めて、「不器用でもそれなりに上手くいくやり方」を一定期間固定でやってみるほうが、まだいくらか効率がいいと思う。

「そんなこと、言われなくても知っている」。

なんて思いながら、先週とは違う券種、買っていませんか??

僕はこの10年間、サブ馬券のワイド1点を除けば、メイン馬券は単複しか買っていない。

本当だ。

第4章

自分が“騎手”になる感覚

それでもなぜ、単複馬券こそ一番なのか

1頭の馬と一緒になる感覚

ほぼ、すべての馬券と、いくつか組み合わせての購入パターンを紹介した。

そう、「組み合わせ」だ。

組み立て式予想ではなく、組み合わせ予想だったのかもしれない。

20年たって、今、気がついた。

この章は、その数年後に僕が行きついた最強の馬券、単複について、もう少し深く触れていきたい。


先に書いた通り、単複はスポーツだ。

それは、他の馬が目に入らない、という状況にまで昇華することができる。

1頭の馬と一緒になれる。

自分が単複を買った馬しか目に入らないから、ゴール前で5、6着くらいがほぼ確定していても、どんな脚色でフィニッシュするかを見る。

そのため、これは本当に毎回のようにそうなのだが、1着になった馬を含めた他の馬のことが、あまり目に入らない。

ゴール後、しばらくして「あぁ、〇〇が勝って、ん、2着は〇〇だったのか」という感じでレースを観戦することができる。

今、観戦することができる、と書いた。

つまり、これは「いいこと」だという意味だ。

例えば、乗っている騎手も、基本的には自分の乗っている馬のことしか目に入らないだろう。

注目している馬がいたり、ちょっと自分が注意力散漫になっていたりしたら、自分が8着くらいで直線を走っている中で「あぁ、あの馬が勝ったか」という感覚だと思う。


つまり、単複は、騎手のような感覚。

単複を持っていることは、第2の騎手になっていると言ってもいい。


馬と1頭になれる感覚で、最近の中から、強く印象に残っているレースがある。

2023年・ポルックスS。

単勝アシャカトブ　複勝アシャカトブ
この年から、JRAの斤量の規定が変わって、全馬が1キロ重くなった。

アシャカトブは地味なダート馬。

しかし、ここ数年、よく目をつけるようにしている「シニスターミニスター産駒の純然たるダート馬」だ。

気性が良好。さらには長持ちするだろうと思っていた。

500キロ前後の馬格もあり、馬力があって、このあたりが実にシニスターミニスター産駒らしい馬だと感じていた。

斤量は59キロ。

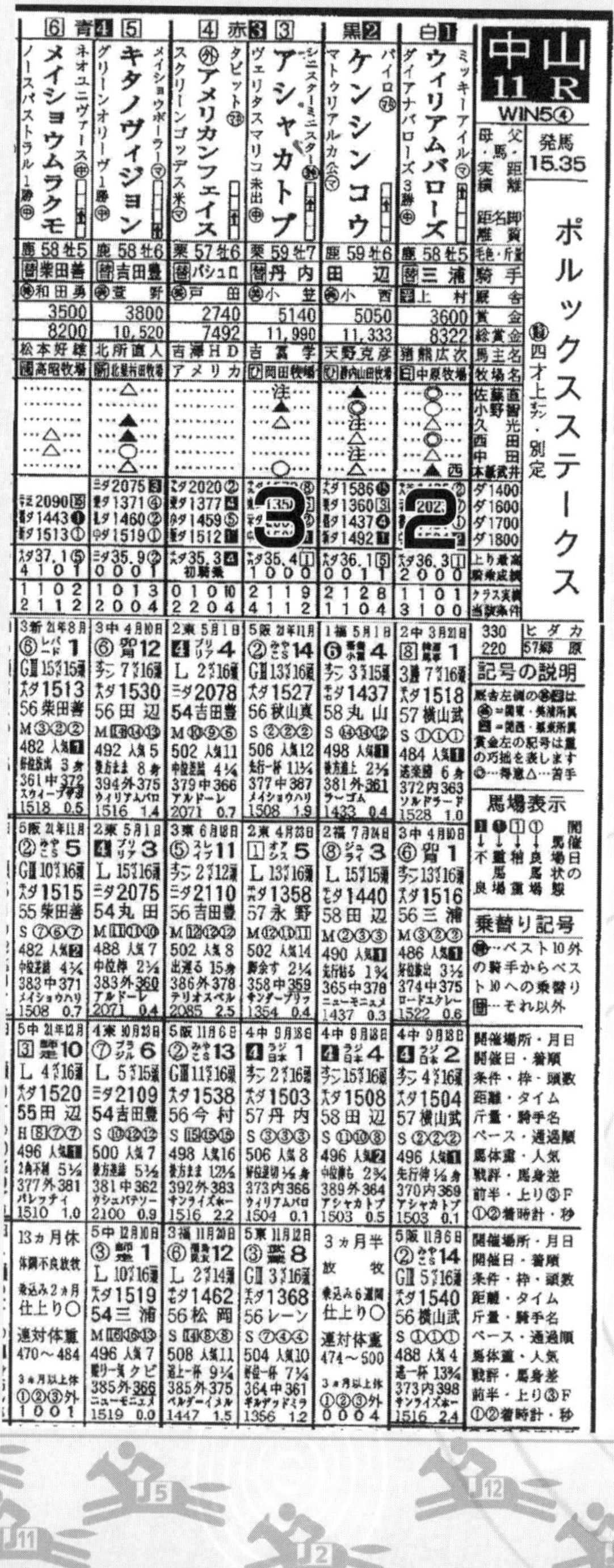
中山 11R WIN5④ 発馬 15.35
ポルックスステークス 四才上オープン・別定

	1 白	2 黒	3 赤	4 赤	5 青	6 青
父	ミッキーアイル	パイロ	シニスターミニスター	タピット	メイショウボーラー	ネオユニヴァース
馬名	ウイリアムバローズ	ケンシンコウ	アシャカトブ	アメリカンフェイス	キタノヴィジョン	メイショウムラクモ
母	ダイアナバローズ	マトゥリアルカ	ヴェリタスマリコ	スクリーンゴッデス	グリーンオリーヴ	ノースパストラル
毛色・斤量	鹿 58 牡5	鹿 59 牡6	栗 59 牡7	栗 57 牡6	鹿 58 牡6	鹿 58 牡5
騎手	三浦	田辺	丹内	バシュロ	吉田豊	柴田善
厩舎	上村	小西	小笠	戸田	萱野	和田勇
賞金	3600	5050	5140	2740	3800	3500
総賞金	8322	11,333	11,990	7492	10,520	8200
馬主名	猪熊広次	天野克彦	吉冨学	吉澤HD	北所直人	松本好雄
牧場名	中原牧場	静内山田牧場	岡田牧場	アメリカ	北星村田牧場	高昭牧場
ダ1800	2		3	1512	1519	1513
上り最高	ス36.3	ス36.1	ス35.4	ス35.3	ミ35.9	ス37.1
騎乗成績	2000	0011	1000	初騎乗	0001	4101

1 白 ウイリアムバローズ 2着、3 赤 アシャカトブ 3着
中山ダート1800mがメチャクチャ上手い、隠れた実力馬なのだが、この59キロが嫌われたのか、6番人気に留まった。

レースは、鞍上の丹内騎手が、スタートからインのポケットに潜りこみ、我慢に我慢を重ねる競馬を披露。4コーナーの捌きも抜群にスムーズだった。

人気薄とはいえ、中山仕様の、完璧な道中の進め方だった。

直線もスムーズ。

懸命に追って、3着を死守。

●2023年1月8日・中山11RポルックスS（OP、芝1600m）

1着⑨ニューモニュメント

（2番人気）

2着①ウィリアムバローズ

（1番人気）

3着③アシャカトブ

（6番人気）

単⑨ 380円

複⑨ 140円

① 140円

③ 300円

馬連①－⑨ 640円

馬単⑨→① 1420円

ワイド①－⑨ 290円

③－⑨ 790円

①－③ 770円

3連複①③⑨ 2520円

3連単⑨→①→③ 10510円

14 桃8	13	12 橙7	11	10 緑6	9	8 黄5	7
ルリアン キズナ(中) フレンチバレリーナ 未出(中)	ニュートンテソーロ ㊚ディストーティドヒューマー(マ) アイライクキャンディ 米(中)	リッターシュラーク クロフネ ハマナス 未勝(マ)	タガノディアマンテ オルフェーヴル タガノレヴェントン 未勝(中)	ルコルセール ロードカナロア(マ) ラバヤデール 3勝(中)	ニューモニュメント ヘニーヒューズ アンナータ 公	ディアセオリー サムライハート(中) サイレントベッド 未勝(マ)	ワーケア ハーツクライ チェリーコレクト 愛(中)
鹿 57 牡6	鹿 57 牡6	黒鹿 57 牡6	栗 59 牡7	鹿 57 牡5	鹿 58 牡7	鹿 57 牡6	鹿 57 牡6
替戸崎圭	替 原	宮 崎	替丸 山	替横山武	小 崎	大 野	津 村
佐々木晶	畠山吉	中 川	鮫 島	堀	小 崎	高 木	手 塚
2400	2400	2400	4850	2400	3800	2400	2300
7300	7760	5250	11,760	5435	15,472	9290	6970
サンデーR	了徳寺健二HD	ウエストフォレストS	八木良司	G1レーシング	前田葉子	ディアレストC	落合幸弘
ノーザンF	アメリカ	オリエント牧場	新冠タガノF	追分F	高橋義浩	ディアレストC	ノーザンF
△ △ ◎ 注 連 △ 闘 注 西	B		△ 西	△ △ △ ◎ △	○ △ ○ ○ ▲ ◎ 西	△ B △ △ △	△ 注 △ △ △
芝1462① ダ2104③ ダ1460⑥ ダ1510[1]	ダ1246① ダ1356⑯ ダ1439⑬ ダ1506[5]	ダ2066④ ダ1361⑤ ダ1446⑥ ダ1524⑤	芝1480④ 芝1341⑩ 芝1589⑧ ダ1531⑪	芝1341⑤ ダ1345[1] ダ1453① ダ1558⑮	ダ1219 ダ1 ⑩ ダ14 ① ダ15 ③	ダ1251③ ダ1358① ダ2091⑤ ダ1522[1]	芝1481❶ 芝1343⑧ ダ1452④ ダ1509[5]
ダ36.1⑬ 0 0 0 1	ダ35.2⑯ 初騎乗	ダ35.8[1] 3 0 0 7	ダ37.8⑪ 初騎乗	ダ35.6[1] 初騎乗	ダ35.0⑤ 1 2 1 0	ダ35.9① 2 0 4 4	ダ36.5④ 0 0 0 2
0 0 1 2 初コース	0 0 0 7 1 0 0 1	0 0 0 4 3 0 1 2	1 3 0 13 初コース	0 0 0 1 初コース	1 5 3 7 0 1 0 0	0 0 3 4 1 0 1 1	1 1 1 7 0 0 0 1
3小 7月2日 ① 6 3勝 7ト16頭 ダ1460 57坂 井 S ⑫⑫⑦ 504 人気13 中位差詰 1¾ 386内372 ヴァンヤール 1457 0.3	3阪 6月25日 ③ 16 オープン 1ト16頭 ダ1260 56北村友 M [12]⑬⑯ 500B 人気10 出遅れ 13¾ 361内376 ケイアイドリー 1236 2.4	3中 4月10日 ⑥ 5 オープン 12ト16頭 ダ1524 56宮 崎 M ⑬⑫⑬ 520 人気8 後方追上 4½ 391外370 ウィリアムバロ 1516 0.8	2阪 5月1日 [12] 17 GI 15ト18頭 芝内3241 58 幸 M ③⑫⑰ 484 人気9 好位バテ 大差 376中415 タイトルホルダ 3162 7.9	5東 21年11月 ② 3 3勝 10ト15頭 ダ1362 56ルメール M [12]⑫⑪ 520B 人気1 後方伸 2¼ 373外358 フルデプスリー 1359 0.3	2阪 4月17日 ⑧ アンタレ 3 GIII 10ト16頭 ダ1509 56小 崎 S ⑪⑩⑨ 492 人気13 中位伸 2¼ 380外369 オメガパフュー 1505 0.4	3東 6月18日 ⑤ スレイプ 5 オープン 1ト12頭 ダ2091 56菅原明 M ③③② 496B 人気4 先行一息 3½ 371内369 テリオスベル 2085 0.6	1福 21年7月 [4] 15 GIII 14ト16頭 芝2046 55田 辺 M ⑧⑦⑥ 500 人気5 中位バテ 14¼ 370中391 トーラスジェミ 2022 2.4
3新 9月3日 [7] 1 3勝 14ト15頭 ダ1510 54田 辺 S ⑥②② 516 人気4 好位差切 クビ 367中370 ゴールドパラデ 1511 0.1	2福 7月24日 ⑧ ジュライ 8 L 7ト15頭 ダ1450 56戸崎圭 M ⑭⑬⑭ 496 人気9 後方差詰 8身 384外373 ニューモニュメ 1437 1.3	2東 5月1日 [4] ブリリア 14 L 7ト16頭 ダ2095 54宮 崎 M ⑭⑭⑭ 520 人気6 後方まま 15½ 390内374 アルドーレ 2071 2.4	4小 8月14日 ② 小倉記念 11 GIII 6ト15頭 芝1597 56北村友 M ③③⑤ 488 人気5 先行一杯 13¼ 349中369 マリアエレーナ 1574 2.3	2東 5月29日 ⑫ 5 3勝 8ト13頭 ダ1364 57レーン M [1]③④ 526B 人気1 先行一息 3¼ 355中362 ディアセオリー 1358 0.6	4中京 6月12日 ④ 2 オープン 2ト15頭 ダ1510 55小 崎 M [12]⑫⑩ 490 人気3 後方伸 6身 375外372 ハヤブサナンデ 1500 1.0	4阪 10月15日 ④ 13 オープン 12ト16頭 ダ1538 56松 若 S ⑥⑤④ 496B 人気5 好位一杯 15¼ 377中394 ハギノアレグリ 1511 2.7	2中 3月13日 ⑥ 8 L 9ト14頭 芝外1345 56嶋 田 S ③②② 496 人気12 好位一杯 2½ 362中344 ボンセルヴィー 1341 0.4
4東 10月23日 ⑦ ブラジル 3 L 10ト15頭 ダ2104 53菅原明 S ⑨⑦⑥ 518 人気2 中位伸 2½ 380外361 ウシュバテソー 2100 0.4	4東 10月10日 ❸ グリーンCh 16 L 1ト16頭 ダ1356 56木幡巧 M ⑯⑯⑯ 502B 人気12 離りまま 13¾ 371中352 デシエルト 1335 2.1	2福 7月24日 ⑧ ジュライ 6 L 5ト15頭 ダ1446 56宮 崎 M ⑧⑨⑧ 516 人気12 中位差詰 5¼ 374中374 ニューモニュメ 1437 0.9	4中 9月11日 ② 京成杯AH 10 GIII 5ト13頭 芝外1341 56大 野 S ⑫⑫⑫ 490 人気9 後直だけ 3身 368中339 ファルコニア 1336 0.5	3東 6月12日 ❹ 9 3勝 10ト15頭 ダ1370 57レーン M [8]⑨⑨ 522B 人気1 出遅る 7¼ 362外366 ダノングリスタ 1359 1.1	2福 7月24日 ⑧ ジュライ 1 L 2ト15頭 ダ1437 56小 崎 M ⑦⑥⑥ 486 人気2 中位差切 1¼ 371外369 ジュンライトボ 1439 0.2	5東 11月20日 ⑥ 3 オープン 3ト14頭 ダ1251 56大 野 S [5]⑤⑤ 496B 人気7 中位伸 2¾ 365中361 ドライスタウト 1247 0.4	4中 9月18日 [4] ラジオ日本 5 オープン 6ト16頭 ダ1509 56津 村 S ⑥⑤④ 500 人気10 中位差詰 3½ 380内369 アシャカトブ 1503 0.6
6阪 12月28日 ⑨ ベテルギ 4 L 1ト13頭 ダ1526 56鮫島駿 M ④④[4] 526 人気5 好位一息 3½ 380中378 サンライズウル 1520 0.6	5東 11月20日 ⑥ 14 オープン 7ト14頭 ダ1259 56マーカンド S [11]⑩⑩ 508B 人気12 出遅る 7¾ 373中365 ドライスタウト 1247 1.2	5ヵ月余 夏負け放牧 乗込み7週間 仕上り○ 連対体重 490～506 3ヵ月以上休 ①②③外 1 0 1 4	5阪 11月6日 ② みやこS 11 GIII 2ト16頭 ダ1531 56松 若 S ⑭⑭⑬ 488 人気8 後直だけ 8½ 390外378 サンライズホー 1516 1.5	4東 10月9日 [2] 1 3勝 14ト16頭 ダ1345 55松 山 M ①②② 524B 人気3 先行抜出 2½ 348中356 ビヨンドザファ 1349 0.4	5中 12月10日 ③ 2 L 4ト16頭 ダ1519 56小 崎 M ⑪⑩⑨ 496 人気2 後方伸 クビ 375外371 キタノヴィジョ 1519 0.0	5中 12月10日 ③ 3 L 3ト16頭 ダ1523 55大 野 M ⑦⑥⑥ 496B 人気4 好位伸 2¾ 371中378 キタノヴィジョ 1519 0.4	3福 11月20日 ⑥ 4 L 4ト14頭 ダ1452 56津 村 S [8]⑧⑥ 492 人気3 中位差詰 3身 379内365 ベルダーイメル 1447 0.5

まさに人馬一体。

ハタから見れば、ただのオープン特別の３着かもしれない。

しかし、その人馬一体の時間の中に、自分も一緒にいた感覚だった。


そして、その馬のことをよく理解しようとするようになる。

例えば、このアシャカトブは７歳シーズンで、晩成型で長持ちするとはいえ、さすがに７歳の秋にまでなると厳しくなってくるとは思う。

それでも、「シニスターミニスター産駒」で「ダート馬で７歳」なら、もう一発あるかもしれないとも思う。

中山ダート１８００ｍが得意で、格的にオープン特別あたり……。と、細かく見立ててあげれば、２０２２年に勝っている９月のラジオ日本賞（中山ダート・１８００ｍのオープン特別）が、もしかすると「もう一発、好走して上位へ」の舞台となるかもしれない。

斤量は59キロまでなら、ＯＫ。

この本が印刷所に入るのは、９月中旬だ。そのため、結果のことはわからない。もしかすると、衰えが出てきて全然ダメかもしれないが、そういう視点で１頭を待ったり、１頭とつき合ったりするように、競馬をすることができる。

それが単複なのだ。

ギャンブル化の中で、控除率としての単複を考える

前述したように、単勝と複勝が控除率で優遇されているということは、現実にそうだとしても、あまり実感はできない。

単複だから「あ、俺、控除率が優遇されているな」と思うことはあまりない。

というより、もしそれを〝実感〟できるほど差があるのならば、みんな単複しか買わなくなるだろう。

では、実際の数字はどうか。

単勝……80・0％
複勝……80・0％
枠連……77・5％
馬連……77・5％
ワイド……77・5％
馬単……77・5％
3連複……77・5％
3連単……77・5％
WIN5…70・0％

このようになっている。

ＷＩＮ５を買う人は、さすがにこの現実を見ておいたほうがいいとも言える。

僕の感覚で、単勝と複勝以外は、どんどんギャンブルになっていく感覚というのと、なんだか比例している数字でもある。

いずれにしても、主催者側が「半年とか年間でプラス収支を目指すなら、単勝と複勝のほうがなん・・・ぼかヤリやすいですよ」と言っていることは確かだ。

精神論としての単複

ここが重要。

精神論というと聞こえが悪いが、何度か触れている通り、単複は１頭の馬と一緒になる感覚を持つことができる。

これは素晴らしいことだ。

まじめな話過ぎるが。

世の中は、いろいろなことで競い合っている。

ビジネス。スポーツ。趣味。お金。居場所。

取って、取って、取り合って。競い合っている。

男は、ずっと「狩り」をさせられる生き物なのだ。

狩りをしていない男は、男ではない。

単複は、1頭の馬と一緒になって「勝ち切るために戦う馬券」だ。

単勝を買うのだから、「勝ち切るんだ」という感覚が身に着く。

これが、人生の様々なシーンで生きてくる。


本書では「勝ち切れない馬」をけっこう否定しているが、勝ち切れない馬とは、惰性的で、勝負根性がなく、決定力もないのだ。


2023年、三宮S。

ダートのオープン特別だが、このレースで単複初購入となった馬がいた。

キングズソード。

前述した「気性がいい馬」だ
シニスターミニスター産駒の牡馬。大型馬。この種牡馬の子らしい、ザ・ダート馬だ。

全兄は、キングズガード。これもまた、何度も買った優秀な馬だった。

ひだか産だが、本当にもう……かなり優秀な兄弟ホースで、ダートで抜群の安定感を誇る。そのうえ、勝ち切れる。

キングズソードが連勝で勝ち上がってきている姿は、ずっと気になっていた。

初重賞挑戦となった、アンタレスSは静観していたが、内心「これはきっと頑張るはず」と思っていた。

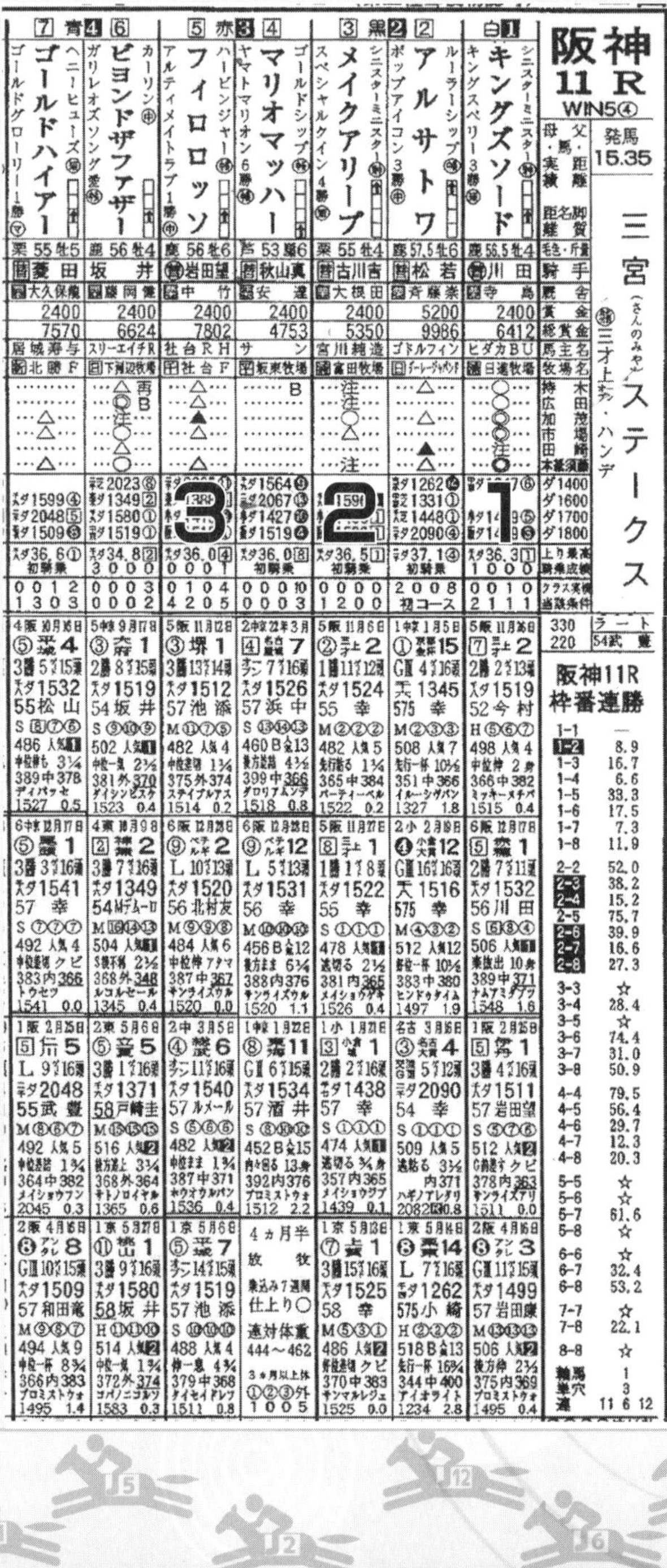

阪神 11R WIN5④ 発馬 15.35
三宮《さんのみや》ステークス ㊕三才上オープン・ハンデ

馬番	馬名	父	母	毛色・斤量	騎手	厩舎	賞金	総賞金	馬主名	牧場名
1	キングズソード	シニスターミニスター	キングスベリー	鹿 56.5 牡4	川田	寺島	2400	6412	ヒダカBU	日進牧場
2	アルサトワ	ルーラーシップ	ポップアイコン	鹿 57.5 牡6	松若	斉藤崇	5200	9986	ゴドルフィン	ダーレージャパンF
3	メイクアリーブ	シニスターミニスター	スペシャルクイン	栗 55 牡4	古川吉	大根田	2400	5350	宮川純造	富田牧場
4	マリオマッハー	ゴールドシップ	ヤマトマリオン	芦 53 騸6	秋山真	安達	2400	4753	サン	坂東牧場
5	フィロロッソ	ハービンジャー	アルティメイトラブ	鹿 56 牡6	岩田望	中竹	2400	7802	社台RH	社台F
6	ビヨンドザファザー	カーリン	ガリレオズソング	鹿 56 牡4	坂井	藤岡健	2400	6624	スリーエイチR	下河辺牧場
7	ゴールドハイアー	ヘニーヒューズ	ゴールドグローリー	栗 55 牡5	菱田	大久保龍	2400	7570	居城寿与	北勝F

阪神11R 枠番連勝

組	オッズ
1-1	—
1-2	8.9
1-3	16.7
1-4	6.6
1-5	33.3
1-6	17.5
1-7	7.3
1-8	11.9
2-2	52.0
2-3	38.2
2-4	15.2
2-5	75.7
2-6	39.9
2-7	16.6
2-8	27.3
3-3	☆
3-4	28.4
3-5	☆
3-6	74.4
3-7	31.0
3-8	50.9
4-4	79.5
4-5	56.4
4-6	29.7
4-7	12.3
4-8	20.3
5-5	☆
5-6	☆
5-7	61.6
5-8	☆
6-6	☆
6-7	32.4
6-8	53.2
7-7	☆
7-8	22.1
8-8	☆

軸馬 1 単穴 3 連 11 6 12

初めての重賞で、直線で厳しくなりながら、踏ん張って3着。

この精神力は立派だと思い、次走、三宮Sで単複初購入となった。

レースは、余裕のある走りだったが、直線では先に抜け出していた馬と激しく叩き合う形に。ラッキーなことにハナ差で競り落として、1着で勝ち切った。

レース後、鞍上の川田のコメントは「馬の強い気持ちで勝ち切れた」とのこと。

●2023年6月11日・阪神11R三宮S（OP、ダ1800m）

1着①キングズソード
（1番人気）
2着③メイクアリープ
（3番人気）
3着⑥ビヨンドザファザー
（4番人気）

単① 210円
複① 120円
③ 190円
⑥ 210円
馬連①－③ 710円
馬単①→③ 990円
ワイド①－③ 350円
①－⑥ 390円
③－⑥ 830円
3連複①③⑥ 1340円
3連単①→③→⑥ 4050円

15 桃8	14 桃8	13 橙7	12 橙7	11 緑6	10 緑6	9 黄5	8 黄5
ニホンピロアワーズ	ホッコータルマエ	ディスクリートキャット	ヘニーヒューズ	トビーズコーナー	オウケンブルースリ	ディープインパクト	シンボリクリスエス
ニホンピロスクーロ	メイショウフンジン	ワールドバローズ	ニューモニュメント	エナハッホ	ジャズブルース	メイショウテンゲン	コルテジア
ニホンピロエミリー 未勝	シニスタークイーン 3勝	ボーシア 未勝	アンナータ 公営	タイセイゴディス 未勝	ジュピターズジャズ 未勝	メイショウベルーガ 7勝	シェルエメール 2勝
青鹿 55 騸6	黒鹿 57.5 牡5	鹿 56 牡5	鹿 58 牡7	栗 53 牝4	青鹿 55 牡4	芦 54 牡7	青鹿 56 牡6
高倉	替太宰	和田竜	替酒井	小崎	替団野	替国分恭	替藤岡康
服部	西園正	石坂公	小崎	吉田	吉村	松永昌	鈴木孝
2400	5000	2400	5000	2400	2400	3900	2300
7661	13,280	9710	19,497	5065	5280	12,620	5520
小林英一	松本好雄	猪熊広次	前田葉子	宮原廣伸	シルクR	松本好雄	前田幸治
友田牧場	宮内牧場	大島牧場	高橋義浩	大狩部牧場	坂東牧場	三嶋牧場	ノースヒルズ
……B …… …… …… …△ ……	…▲ …△ …… …注 …◎ …△	…… …… …… …… …△ ……	…◎ …▲ …△ …▲ …○ …▲	…△ …△ …△ …… …… …△	…… …… …… …△ …… ……	…… …… …… …… …… ……	…… …… …… …… …… ……
阪ダ1258❺ 阪芝1344④ 小ダ1449❶ 阪ダ1560[2]	大ダ1586❸ 三ダ2041[7] 小ダ1468⑬ 阪ダ1516①	東芝1204④ 東芝1334⑦ 阪芝1450⑤	中ダ1219❶ 東ダ1368⑯ 中ダ1437① 阪ダ1509③	 中ダ1456③ 阪ダ1521❶	函ダ1250⑩ 東ダ1384⑮ 小ダ1428❻ 中ダ1522①	京芝1597⑮ 三芝2125⑪ 函芝2240⑩ 東芝1480②	東芝1247❺ 阪芝1343② 中芝2019[7] 東芝1474❾
中ダ37.7❶ 0106	三ダ36.0❸ 初騎乗	初ダート 3417	中ダ35.0⑤ 0001	大ダ36.6[1] 1000	中ダ36.4[1] 2003	初ダート 初騎乗	初ダート 初騎乗
0004 0100	2015 1111	0028 初コース	2548 0022	0000 3011	0013 初コース	1 1 1 18 初コース	1015 初コース
6阪 12月3日 ①チャレン 11 GⅢ 14ト14頭 芝内1594 56吉田隼 H⑤⑤⑤ 500B 人10 中位一杯 11¾ 366外369 ソーヴァリアン 1575 1.9	1中京 2月4日 ⑪アルデバ 1 オープン 7ト16頭 左ダ1597 57酒井 S②②② 518 人気4 先行競勝 クビ 371中376 ホウオウルバン 1598 0.1	1中 1月7日 ②ニューイ 13 L 5ト13頭 芝外1350 57石川 S⑫⑬⑬ 460B 人7 出遅る 10¾ 370中348 ウイングレイテ 1332 1.8	5中 12月10日 ③師走S 2 L 4ト16頭 右ダ1519 56小崎 M⑪⑩⑨ 496 人気2 後方伸 クビ 375外371 キタノヴィジョ 1519 0.0	1阪 2月11日 ①4歳上 3 1勝 6ト8頭 右ダ1543 55鮫島駿 M②②② 442 人気4 先行粘る 2身 383中388 パトリオフトラ 1539 0.4	3福 11月12日 ③3歳上 1 3勝 8ト15頭 右ダ1447 55団野 M④②② 458 人気2 好位抜出 5身 368中372 ペイシャキュウ 1456 0.9	1中京 1月5日 ①万葉S 10 オープン 13ト16頭 芝3049 56松山 M⑨⑩⑨ 472 人気6 中位まま 8¾ 381中366 ミクソロジー 3034 1.5	2東 21年5月 ⑫ダービー 12 GⅠ 10ト18頭 芝2254 57松山 S②②② 458 人気14 先行一杯 7¾ 370中355 コントレイル 2241 1.3
1小 2月5日 ⑧門司S 7 オープン 6ト15頭 右ダ1590 57高倉 H②②③ 502B 人10 先行一杯 6¼ 352内365 ディープモンス 1579 1.1	1阪 2月26日 [5]仁川S 1 L 2ト16頭 右ダ2045 57酒井 M①①① 520 人気2 逃切る クビ 354内385 ヘラルドバロー 2046 0.1	1中京 1月21日 ⑦ 3 オープン 5ト9頭 芝1345 57和田竜 S③③③ 462 人気7 好位粘る 2¾ 372中339 キングエルメス 1341 0.4	1中 1月8日 ③ポルック 1 オープン 9ト14頭 右ダ1519 58小崎 S⑩⑧⑩ 492 人気2 G前差す クビ 383外366 ウイリアムバロ 1519 0.0	1阪 2月25日 [5]4歳上 1 1勝 8ト10頭 右ダ1536 55藤懸 S⑧⑨⑨ 440 人気1 G前差す ハナ 390外366 ドゥライトアル 1536 0.0	1小 1月15日 ❷ 6 オープン 1ト14頭 右ダ1428 57団野 M③⑤③ 458 人気2 好位一杯 5身 359内369 ロッシュローブ 1420 0.8	1東 2月18日 ⑦ダイヤ 9 GⅢ 10ト16頭 芝3308 55木幡巧 M⑭⑭⑬ 464 人気15 出遅る 9¾ 405外368 ミクソロジー 3291 1.7	3東 6月12日 ❹エプソム 9 GⅢ 3ト12頭 芝1474 56三浦 S②②② 464 人気11 先行一杯 4身 366中354 ノースブリッジ 1467 0.7
1阪 3月5日 ⑧大阪城S 13 L 14ト16頭 芝外1462 55高倉 M②②① 506B 人11 鼻出血 8身 351中358 スカーフェイス 1448 1.4	船橋 3月15日 ③ダイオラ 3 交流GⅢ 5ト14頭 左ダ2392 56酒井 M②②③ 516 人気3 先行粘る 10身 386中417 グロリアムンデ 2372 2.0	1阪 3月5日 ⑧大阪城S 5 L 6ト16頭 芝外1450 56和田竜 M④④④ 464 人気4 好位一息 1¼ 353中343 スカーフェイス 1448 0.2	川崎 2月1日 ③川崎記念 3 交流GⅠ 1ト10頭 左ダ2169 57小崎 H[8]⑨⑤ 490 人気5 後方追上 4½ 381中402 ウシュバテソー 2160 0.9	1阪 3月19日 ⑫4歳上 1 2勝 10ト16頭 右ダ1521 56藤懸 H⑫⑩④ 440 人気5 差抜出 クビ 381外384 パーティーベル 1521 0.0	佐賀 2月9日 [3]佐賀記念 5 交流GⅢ 1ト12頭 右ダ2112 55団野 H[13]⑤⑤ 463 人気3 好位一杯 6½ 内400 バーデンヴァイ 2099 1.3	1阪 3月19日 ⑫阪神大賞 14 GⅡ 5ト14頭 芝内3095 57浜中 S[14]⑭⑭ 472 人気12 後方まま 大差 408中359 ジャスティンパ 3061 3.4	3小 7月24日 ⑧中京記念 16 GⅢ 3ト16頭 芝1474 56松山 S[2]②② 466 人気7 先行バテ 8½ 363中359 ペレヌス 1459 1.5
3ヵ月余 鼻出血放牧 乗込み3週間 仕上り○ 連対体重 464～504 3ヵ月以上休 ①②③外 0103	1京 5月20日 [9]平安S 5 GⅢ 9ト16頭 京ダ2008 57酒井 M②③② 518 人気5 先行一息 6¼ 369中402 グロリアムンデ 1598 1.0	2東 5月20日 ⑨メイS 11 オープン 13ト18頭 芝1457 56和田竜 M⑨⑨⑧ 464 人気10 中位一杯 6身 362中345 サクラトゥジュ 1447 1.0	名古 3月16日 ③名古屋大賞 5 交流GⅢ 7ト12頭 左ダ2090 54小崎 S[7]⑥⑤ 491 人気2 中位伸も 3½ 外364 ハギノアレグリ 2082 0.8	1新 4月29日 ①4歳上 1 3勝 6ト15頭 左ダ1527 56小崎 M⑥⑧⑥ 444 人気6 中位差明 ¾身 372外376 シダー 1528 0.1	2東 4月22日 ①オアシス 15 L 2ト16頭 左ダ1384 57大野 M②⑦⑦ 460 人気10 中位一杯 12¾ 358中384 コンシリエーレ 1363 2.1	2東 5月7日 [6]メトロポ 16 L 6ト17頭 芝2296 58木幡巧 S[15]⑭⑮ 470 人気16 後方まま 11½ 401中349 グランオフィシ 2278 1.8	10ヵ月半 骨折放牧 乗込み4週間 仕上り○ 連対体重 450～454 3ヵ月以上休 ①②③外 0002

このコメントは、なんだか良い意味で川田らしくなくて、いい。

特に仕事面で勝ち切る力を養うには、単複がいいと思う。

美的センスとしての単複

散らかった部屋。

整理整頓された部屋。

どちらが美しいか。

これは後者だろう。

では、馬券はどうか。

あなたは、馬券を撒き散らすように買っていないだろうか??

本書では3連複の話も書いたが、さらに射幸心を煽る3連単となると、本当に巻き散らすように買うしかなくなってくる。

WIN5も、ちょっと「巻き散らし感」が凄い。

この〝巻き散らかし感〟を馬券から取り除きたい。

逆に〝巻き散らかさない〟なら「綺麗に並べた3連複」などでもいいと思う。

そうなると、やはり単複が、一番綺麗で美しい。

ただ、単複でなく、例えば「ワイド派」だとしても、ワイドでヤタラメッタラ買ったり、自分でも訳がわからなくなるくらい買ったりするのではなく、美しく買いたいものだ。


綺麗に並べるんだ。

意味ある馬券。意志ある馬券。それを並べるんだ。


馬券に、この感覚を持ち込んでほしい。

そうすれば、もちろん3連複でもいいし、3連単でもかまわないわけだ。


僕が、「単複＋ワイド1点」という買い方をよくやるのは、「狙っている馬が、狙っているレースに出てきた時だけ買う」というスタイル上の理由もあるが、これが一番、綺麗に馬券を並べられるからということもある。

1レース、1レースを大切にして、何年後かにも「このレースで勝った馬券はこれです」と言えるような状態でありたい。

コトが競馬になったとたん、美的センスを失うことはない。

そんなことはしてはいけない。

美しく、綺麗に整理された馬券で、ともに勝とう。

馬券とは、週末に向けたセッティング

この話は、少し単複ウンヌンとは違うかもしれない。

すべての馬券に共通する『心構え』だと思って読んでもらいたい。

中央競馬は、月曜日を含めた3日間開催の時もあるとはいえ、基本的に土日だ。

つまり、月曜日から「新しい次の週末の競馬」に向けて始まっていくわけだ。

最近では、紙の競馬雑誌や競馬新聞の売り上げは落ちているかもしれないが、月曜日に競馬雑誌を買う。電子版でもかまわない。

そこから、週末に向かって「セッティングをしていくんだ」という意識を持とう。

夏休みの宿題を思い出してほしい。

始業式の前日あたり、直前になってあわててやる――。

それが夏休みの宿題だった。

小学校の自由研究などもそうだ。

自由研究。

いい言葉だ。

競馬はまさにやってもやらなくても、誰からも文句を言われることのない自由な研究だ。

僕の場合、仕事でもあるから、ある程度ルーティン化してはいるが。

そんな僕でも、何頭分析するか、レース単位でいうなら、何レースを買うのか。
分析の量は調整できる。
まさに自由研究だ。
思い出してほしい。自由研究を「良い作品」として完成させるコツはなんだろう。

そう、計画性だ。

何をやるか。
どんな順番でやるか。
どんな配分と日程でやるか。

これを、競馬に当てはめてみよう。

何をやるか。→ 自分はどのファクターを中心に分析をするのか。
どんな順番でやるか。→ 見るべきファクターはどれを優先するか。
どんな配分と日程でやるか。→ 何曜日にどこまで予想作業を進めるか。

前日に付け焼刃でやるのではだめだ。
これができれば自由研究（見解と馬券）は、良い作品になるだろう。

そう、馬券というのは、1週間かけてつくり出す『作品』なのだ。

この感覚を持ってもらいたい。

あとは自分のスケジュールに合わせて、無理なく、金曜日までにある程度の見解が完成するようにしていきたい。

『予習』と『復習』。

どちらが大切か。

馬券においてもこの議論は、長年続いてきたが、僕はこう思う。

『復習＝準備』。

こういうことだと。

週末。レース後に、主要レースのＶＴＲを見直す。例えば、その時に「次走、この馬がこのレースに出てきたら買おう」とか「この馬が、このコースに出てきたら買おう」と決めていくのが、いわゆる『馬単位』だ。

そして、月曜日～火曜日あたりには、馬単位の人も、普通に予想をする馬単位ではない人も、その週末に向けての検討に入る。

つまり、競馬の場合は特に、復習と予習は、陸続きのようになっていて切り離せないのだ。

例えば、１年くらい競馬を見るのをやめて、途切れると、「イチからやり直し」的な感じになる。競馬とは〝続いて〟いるものだから、ほとんどの馬を知らない状態から始めるのは、本当に大変なのだ。なので、続けていくには、ペース配分や検討する日をある程度決めておく必要がある。

ある程度、ルーティン化したほうがいい。競馬と良い距離感でつき合える。

そして、徐々に見解を固めながら『セッティング』していく感じ。この感覚を持ちたい。

例えば、仕事で何かイベントを企画する時も、セッティング能力が問われると思う。

週末の競馬だって、ひとつのイベントの一種。

それを思えば、「馬場と合うか」「天気と雨の影響はあるか」「この格のレースで大丈夫か」「この鞍上で大丈夫か」と、ひとつ、ひとつ、詰めていく。


セッティング能力が高い人の特徴をお教えしたい。

それは「決定が速くて、その決定が正確な人」だ。

速いのに、雑じゃない。

この感覚だ。

競馬漬けになりすぎず、軽やかに決定ができれば、1週間の7日うち、他のこともいっぱいできる。

常に「セッティングをする感覚」を持とう。

思い出をつくるのが単複

この章の、後半の項目は、けっこう精神論っぽくなってしまった。

この章の締めは「思い出をつくるのが単複」だ。

さらなる精神論？？

ただ、単複の一番の醍醐味はこれでもある。


２０１９年、秋。

僕は新幹線で、ある場所へ向かっていた。

ある場所とは、都内某所にある、撮影スタジオだ。

ある単行本のカバー写真を撮るために、そこへ向かっていたのだ。

日曜日も移動があり、その新幹線の中。

ちょうど、夏の終わりごろで、競馬は新潟記念の週末だった。

単複を買ったのは、若き日のユーキャンスマイル。

１番人気のレイエンダが大敗する中で、長距離馬だと思われていたユーキャンスマイルが、中団より後方から、長く切れ味を発揮して突き抜けた。

以前から、「この馬はキングカメハメハ産駒の良さが出ている、中距離馬だ」と言ってきて、ここで初めて買った分、良い「証明」となった。

そう、馬券とは、いや、単複とは「自分の正しさの証明」なのだ。

時に、間違いの証明になることもある。

●2019年９月１日・新潟11Ｒ新潟記念（ＧⅢ、芝2000m）

着順	馬番・馬名	性齢	斤量	騎手	通過	上がり	人気	厩舎	馬主
1	⑦ユーキャンスマイル	牡4	57	岩田康誠	13-12	33.6	2	栗・友道	金子真人HD
2	⑤ジナンボー	牡4	54	M・デムーロ	4-4	33.9	6	美・堀	金子真人HD
3	⑥カデナ	牡5	57	武藤雅	17-15	33.6	8	栗・中竹	前田幸治
4	⑮ブラックスピネル	牡6	57	松若風馬	1-1	34.8	11	栗・音無	サンデーR
5	④フランツ	牡4	55	戸崎圭太	10-9	34.1	3	栗・音無	近藤英子
10	⑨レイエンダ	牡4	57	C・ルメール	6-4	34.7	1	美・藤沢和	キャロットF

単⑦ 630 円　複⑦ 250 円　馬連⑤－⑦ 4580 円
3連複⑤⑥⑦ 21230 円　3連単⑦→⑤→⑥ 105090 円

しかし、それも含めて思い出になる。

その新潟記念の翌日。

単行本『日本競馬頂上分析』（秀和システム刊）のカバー撮影が行なわれた。

本は、秋に無事に発売となった。

その翌年、２０２０年。

コロナ禍の世界が幕を開けた。緊急事態宣言もあった。

それらのすべてが、たかがGⅢである新潟記念の、ユーキャンスマイルの末脚とともによみがえる。

レイエンダのことは、今、調べ直して思い出した。

2着馬のことも、3着馬のことも、4着馬のことも、5着馬のことも、あまり覚えていなかった。

ユーキャンスマイルの証明。

その時の、夏の終わりの日の匂い。

そんな思い出だけが、いつまでも、僕の心の中に残っている。

ユーキャンスマイルは、まるで奇跡のように、２０２２年（7歳）も２０２３年（8歳）も同じ新潟記念で2着に好走している。

シャフリヤール。

天皇賞・秋（５着）に続き、２回目の購入となる予定。

ディープインパクト産駒の、牡馬。

良駒だ。

ジャパンカップは『４歳総大将が強いレース』。今回はその最重要セオリーを貫く。問題は、前走。天皇賞秋のレースぶりだ。

５着。

この着順が全てだ。

頼りない。あまりにも頼りない。

クリスチャンデムーロが好位で普通に流れに乗れて、この結果。正直、「それほど強い４歳ダービー馬」ではない。

ただ、３歳勢力もドウデュース、イクイノックスという２トップが不在。出てくるのは現時点ではナンバー３のダノンベルーガだ。

普通に走れば、４歳のダービー馬なら上位に入れることが多い。

天皇賞・秋の時は「全兄アルアインと違い切れ味が出るタイプ」としたが、だんだんアルアインに似てきている。

ありきたりな表現だが、ちょっとしか伸びない馬になった。

ドバイシーマクラシックも、クリスチャンがインのポケットに上手く収めて、"世界最高峰のチョイ差し"を披露。そのおかげで勝っている感じもあった。

天皇賞秋・５着の、４歳ダービー馬。

こういう事例はあるか。探してみた。

すると、すぐにあった。

エビデンス・過去の似ている事例としては、「４歳シーズンはちょっと頼りなかった面もあったが、主役をまっとうした日本ダービー馬」ということで、４歳・ワグネリアンのジャパンカップの時に似ている。天皇賞秋（５着）→ジャパンカップ（３着）だ。

また、４歳シーズンのスワーヴリチャードが、絶対に走ると思われた天皇賞・秋（１０着）を負けて、そこからジャパンカップでなんとか３着に巻き返した時にも似ているか。この２頭のジャパンカップでは、どちらも単複を買った思い出ある。


2022年ジャパンCをnetkeiba『ウマい馬券』で予想的中。上の見解はそこからの一部抜粋。このレースについては本文第5章で詳述。

第5章

勝負のリズムをつかむ

実践！
「勝ち方」の見本&
「狙い方」の基本

この本は基本的に「買い方を工夫しましょう」「買い方を変えてみませんか」といったテーマの1冊。

そのため、4章までは、分析方法や予想的な狙い方はあまり載せていない。

最終章では、実際に僕が買った単複を披露していく。

当たり前だが、当然、勝ちばかりではない。

負けたレースだらけだ。

だが、どうやって馬券と向き合っているかを参考にしてほしいし、本書では控えめにした「馬の狙い方」についても、この章ではどんどん披露していく。

単複向きの狙い方が多いかもしれないが、参考になれば幸いだ。

●2022年 ジャパンC シャフリヤール
4歳GI馬とノーザンファームと藤原厩舎

この年のジャパンCは大混戦。

オッズも割れていた。

僕が狙って待っていたのは、シャフリヤール。

4歳になったダービー馬だ。

ジャパンCは基本的に「日本の総大将」が強い。

誰もがそう思っている。

そして、この年は多くの人が、シャフリヤールを日本総大将と支持したわけだ。

●2022年11月27日・東京12Rジャパンカップ（GⅠ、芝2400m）

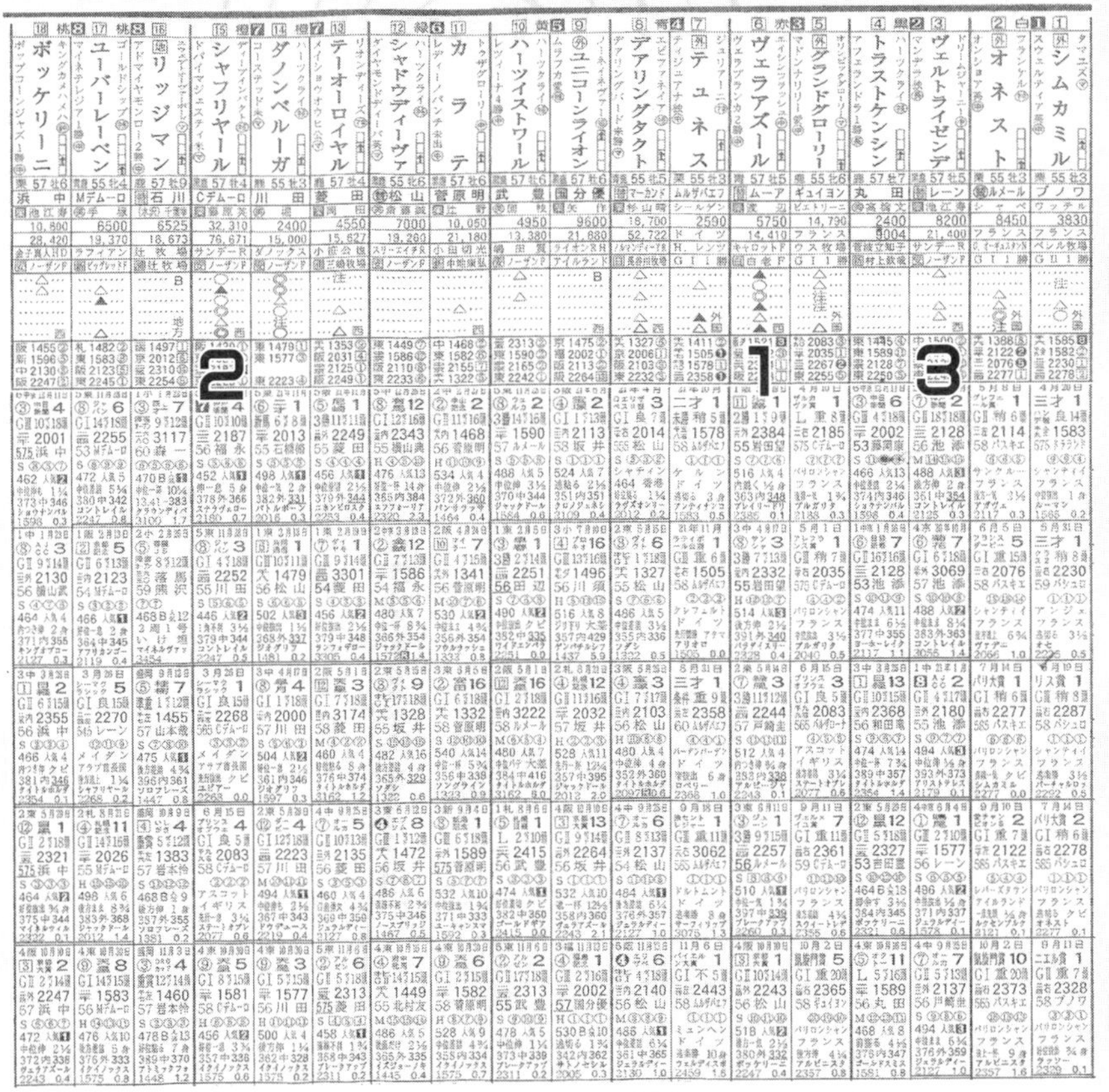

馬番	馬名	斤量	騎手	調教師
18	ボッケリーニ	57 牡6	浜中	池江寿
17	ユーバーレーベン	55 牝4	Mデムーロ	手塚
16	リッジマン	57 牡9	石川	庄野
15	シャフリヤール	57 牡4	Cデムーロ	藤原英
14	ダノンベルーガ	55 牡3	川田	堀
13	テーオーロイヤル	57 牡4	菱田	岡田
12	シャドウディーヴァ	55 牝6	松山	斎藤誠
11	カラテ	57 牡6	菅原明	辻野
10	ハーツイストワール	57 牡6	武豊	国枝
9	ユニコーンライオン	57 牡6	国分優	矢作
8	デアリングタクト	55 牝5	マーカンド	杉山晴
7	テュネス	55 牡3	ムルザバエフ	シールゲン
6	ヴェラアズール	57 牡5	ムーア	渡辺
5	グランドグローリー	55 牝6	ギュイヨン	ビエトリーニ
4	トラストケンシン	57 牡7	丸田	高橋文
3	ヴェルトライゼンデ	57 牡5	レーン	池江寿
2	オネスト	55 牡3	ルメール	シャペ
1	シムカミル	55 牡3	ブノワ	ヴァッテル

1着⑥ヴェラアズール
（3番人気）
2着⑮シャフリヤール
（1番人気）
3着③ヴェルトライゼンデ
（4番人気）

単⑥ 450円
複⑥ 160円 ⑮ 140円 ③ 240円
馬連⑥－⑮ 940円
3連複③⑥⑮ 2360円
3連単⑥→⑮→③ 9850円

しかし。

単勝オッズは、3、4倍。

強いメンバーではない。

超弱いメンバー。

まるで誰かが（ノーザンファームとか）、この馬に勝ってほしいから（種牡馬としてハクがつくし、その年にドバイシーマクラシックを勝った馬がその年のジャパンCも勝つと、賞金が出るから）セッティングしたかのようなほど、超絶な弱メンだった。

3歳で天皇賞・秋を勝ってしまったイクイノックスは、まるで「邪魔はできません」とばかりに回避して、有馬記念へ回った（回された？）。

パッと見で有力なのは、「ダービーの4着の3歳馬・ダノンベルーガ」くらい。なんならヴェルトライゼンデが有力視されるほど。

あとは、6歳馬、7歳馬、そして外国馬。

何コレ感、満載。

なのに、肝心のシャフリヤールは3倍台なのだ。

これは誰もが認める「近年稀に見る、頼りない日本総大将」。

僕も迷った。

もっと評価は低く、レース前には「歴代・日本総大将の中で一番頼りない馬」と評した。

それでもだ。

腐っても鯛。

腐っても4歳GI馬。

日本の競馬には、こういう鉄の掟がある。

定番だ。そして定説だ。

それを貫いた。

結果、シャフリヤールは強かった。

後方から、精一杯に末脚を発揮。

クリスチャン・デムーロの、外から差す競馬の中でも、大外をブン回さないで馬群に突っ込んで差してくる騎乗ぶりもなかなか光った。

ゴール前では、芝路線に転戦して京都大賞典を勝っていたヴェラアズールにイン強襲を喰らって2着。ムーアは凄いことをする。

それでも、シャフリヤールは立派だった。

前年、3歳時に、ジャパンCで3着。

この年は、4歳でジャパンC2着。「日本総大将」を、最低限、務め切ったか。

もうひとつ。

藤原英昭厩舎というのは、一撃必殺で、勝負仕上げで来る。

この年は、ジャパンCが最大目標と明言していて、天皇賞・秋の時より研ぎ澄まされていた感じがした。

ただし。

何より〝一番研ぎ澄まされていて完璧〟だったのは、この、強いライバルを引っ込めまくった、ジャパンCの『メンバー構成』のような気もするけれど。

●2022年　阪神C　グレナディアガーズ
「早熟」と「成長力不足」の違いとは

フランケル産駒は早熟だ。

みたいな風潮がある。

そんなことはない。

ソウルスターリング、ミスエルテあたりのイメージが先行しているのかもしれないが。

どちらも牝馬だ。

ミスエルテは「そもそも強くない」と2歳時から書いていた馬。

モズアスコットはどうか。

勢いで安田記念を勝った後に、ダートに転向して、根岸Sとフェブラリ−Sを勝っている。これのどこが早熟なのか。

サトノセシルは古馬になってからすごく頑張っている。早熟感はない。

さて、グレナディアガーズだ。

この馬も早熟扱いされている1頭。

では、僕がこの馬の単複を買ったレースを列挙しよう。

●2022年12月24日・阪神11R阪神C（GⅡ、芝1400m）

馬番	枠	馬名	父	母	斤量・性齢	騎手	調教師	賞金	総賞金	馬主	生産者	印
18	桃8	グレナディアガーズ	フランケル	ウェイヴェルアベニュー	57 牡4	Cデムーロ	中内田	8000	19,647	サンデーR	ノーザンF	▲○○○注◎
17	桃8	(外)トリプルエース	シャマーダル	トリプルビルエット	57 牡5	福永	斉藤崇	2500	8200	ゴドルフィン	アイルランド	△△
16	橙7	ルプリュフォール	ロードカナロア	マイノチカラ	57 騸6	武豊	松永幹	3800	11,446	名古屋友豊	社台F	◎注△△
15	橙7	キングオブコージ	ロードカナロア	ファイノメナ	57 牡6	横山典	安田翔	8350	19,750	増田和啓	白老F	△△△◎注
14	橙7	ダイアトニック	ロードカナロア	トゥハーモニー	57 牡7	岩田康	安田隆	14,600	38,670	シルクR	酒井牧場	○◎▲注△○
13	緑6	オパールシャルム	ダイワメジャー	ジルコニア	55 牝5	松若	武英	3600	11,080	落合幸弘	下河辺牧場	東
12	緑6	エントシャイデン	ディープインパクト	ルシュクル	57 牡7	坂井	矢作	5300	16,542	前田幸治	ノースヒルズ	△△△○△
11	黄5	ルチェカリーナ	ディスクリートキャット	アンリミテッドピサー	55 牝4	Mデムーロ	高橋忠	2400	7907	加藤徹	大狩部牧場	△△△
10	黄5	(外)ロータスランド	ポイントオブエントリー	リトルミスマフェット	55 牝5	岩田望	辻野	10,150	21,690	小林英一HD	アメリカ	△▲注◎△
9	青4	ライトオンキュー	シャマーダル	グレイトタイミング	57 牡7	古川吉	昆	7150	16,364	ゴドルフィン	ダーレージャパンF	△
8	青4	プルパレイ	イスラボニータ	マイジェン	56 牡3	西村淳	須貝尚	2900	7170	GリビエールR	社台F	B
7	赤3	バスラットレオン	キズナ	バスラットアマル	57 牡4	川田	矢作	6930	18,164	広尾レース	三嶋牧場	△▲△
6	赤3	メイショウチタン	ロードカナロア	ラルティスタ	57 牡5	国分恭	本田	2400	8215	松本好雄	松田牧場	
5	黒2	ミッキーブリランテ	ディープブリランテ	エピックラヴ	57 牡6	和田竜	矢作	5400	17,410	野田みづき	ノーザンF	△
4	黒2	トゥラヴェスーラ	ドリームジャーニー	ジャジャマーチャン	57 牡7	鮫島駿	高橋康	6300	19,375	吉田照哉	社台F	注△◎△▲▲
3	白1	ラウダシオン	リアルインパクト	アンティフォナ	57 牡5	ムルザバエフ	斉藤崇	12,350	27,812	シルクR	白老F	△
2	白1	ダイメイフジ	アグネスデジタル	ダイメイダーク	57 牡8	菱田	森田	5000	22,730	宮本昇	横井哲	
1	白1	カイザーミノル	ロードカナロア	ストライクルート	57 牡6	荻野極	北出	3800	15,032	吉岡實	フジワラF	B △

1着⑭ダイアトニック

（1番人気）

2着⑱グレナディアガーズ

（2番人気）

3着③ラウダシオン

（11 番人気）

単⑭ 420 円

複⑭ 170 円 ⑱ 190 円 ③ 880 円

馬連⑭ー⑱ 1040 円

3連複③⑭⑱ 20990 円

3連単⑭→⑱→③ 77230 円

ＮＨＫマイルＣ（３着）。

京成杯ＡＨ（３着）。

阪神Ｃ（１着）２０２１年。

阪神Ｃ（２着）２０２２年。

メチャメチャ、長いことは走れていません。

そして、「距離短縮でもっと強いかも、という勝手な想像が膨らんでいた」。

この馬の場合、「2歳チャピオンのわりに、イマイチ」というイメージが先行した。

これだけなのだ。

グレナディアガーズは、『早熟』ではない。

この馬は、『ちょっとした成長力不足で、ＧⅡクラスの馬になった』。

正解はこれだ。

だから、ＮＨＫマイルＣ以降は、「もうＧⅠではダメだなと思って、ＧⅡ以下でしか買っていない」。

わかるだろうか。

格の差がないＧⅡ→ＧⅢや、ＧⅢ→ＧⅡなども避けている。

ここ、ポイント。

なるべく大レースの後に絞っている。

阪急杯の1・7倍には、ちょっと笑ってしまった。

これが、「ちゃんとした競走馬が走るリズム」なのだ。

もう国内ＧⅠは厳しいのに、高松宮記念で３番人気なのも「無理ゲーすぎる」と思った。

2022年の阪神Cは、ロイヤルアスコットのＧⅠ帰りで、その前年勝っている阪神C。

こんなの、走るに、決まっている。

前年も買ったが、２０２２年も鞍上は、クリスチャン・デムーロ。

自信を持って単複。

レースは、前年の再現のような、好騎乗。

中団の外目から、いっさいの無駄がないキレキレのライディングだった。

２着。

複勝は１９０円。

単複の比率は、いつも通り、ほぼ１：５。

十分でしょう。

前年は１着で、単勝５００円、複勝１８０円だった。

基本、今は「ＧⅡの馬」なのでもう少し長く活躍するかもしれないが、それでも４歳シーズンがピークだと思っている馬。

２０２２年末以降は、もう買う予定がない。

２０２３年、もし出てきたら「３回目の阪神Ｃ」なら、けっこう走るかもしれないが。

今後は、あまり買わない方向でいる。もう十分に勝たせてもらった。

●2022年　カウントダウンS　ダンテスヴュー
10年前からカミソリのような騎乗

クリスチャン・デムーロ。

結果が出る前から「兄・ミルコよりはるかに上」と書いてきたジョッキーだ。

2012年刊、単行本『競馬の本質』のパート1に、そう書いている。

10年前、小倉で乗っている時から書いているわけだ。

もう、予言だ。

その後、イタリアダービージョッキーに。そしてフランスダービージョッキーに。

あのスミヨンとほぼ同格に。

ほらね、という感じだ。

さて、ダンテスヴュー。

キングカメハメハ産駒だ。

デビュー前から評判がよく、重賞でも人気になったりもした。そしてソコソコ好走したりもしていた（きさらぎ賞2着）。

ただ、この辺りが現時点での限界かなという感じで、皐月賞は10着、ＮＨＫマイルＣは12着。「復帰戦が、だいぶ下のクラスに出てきたなら」と思い、待っていた。

春は単純にＧⅠ戦線で格負けしていただけで、オープン特別くらいまでなら全然やれる。そういう評価だ。

●2022年12月28日・中山12Rカウントダウンステークス(３勝クラス、芝1600m）

馬番	枠	馬名	父	母(母の成績)	毛色・斤量・性齢	騎手	調教師	賞金	総賞金	馬主	生産者	持ちタイム
1	白1	ダンテスヴュー	キングカメハメハ	クロウキャニオン 1勝	鹿 56 牡3	Cデムーロ	友道	1200	2960	金子真人HD	ノーザンF	
2	白1	ペイシャフェスタ	マクフィ	スプリングフェスタ 未勝	栗 55 牝4	丸田	高橋裕	1500	3950	北所直人	梅田牧場	中ダ1138⑩ 東1203 中1345⑥ 新ダ1282⑤
3	黒2	レディバランタイン	サトノアラジン	ミリオンウィッシーズ 英	鹿 54 牝3	ルメール	加藤征	1500	3413	丸山担	ノーザンF	東1205③ 中1346⑪ 新1484①
4	黒2	トミケンボハテル	アドマイヤムーン	ヴァルネリーナ 愛	芦 57 牡8	秋山稔	蛯名利	1300	5494	佐野信幸	藤本F	札1115⑮ 阪1211⑩ 中1332⑱ 東1471⑤
5	赤3	ニシノラブウインク	エピファネイア	ニシノシルエット 未勝	鹿 54 牝3	三浦	小手川	1150	2720	西山茂行	村上欽哉	芝2002⑥ 三2153⑧ 東1343② 中1486③
6	赤3	インダストリア	リオンディーズ	インダクティ 2勝	鹿 56 牡3	戸崎圭	宮田	1600	4630	サンデーR	ノーザンF	
7	青4	シャチ	リアルインパクト	ソウタツ 未勝	鹿 57 牡5	勝浦	小桧山	1500	3720	中村勝彦	松浦牧場	中1092⑦ 東1221⑱ 東1334⑩ 東1454⑫
8	青4	サトノフウジン	ディープインパクト	コンテスティッド 米	黒鹿 57 牡5	松山	堀	1500	4964	里見治	社台F	芝2005⑤ 東1336⑤ 東1443②
9	黄5	アールバロン	モーリス	バージニアキャット 1勝	鹿 57 牡4	Mデムーロ	伊藤大	1500	4021	前原敏行	吉田F	芝1590① 宗1213⑨ 三2170③ 中1466①
10	黄5	ユキノファラオ	ワールドエース	ユキノシンデレラ 未出	鹿 57 牡4	武豊	石毛	1500	3951	井上基之	フジワラF	中1087⑤ 東1225⑤ 中1338⑧
11	緑6	アステロイドベルト	ルーラーシップ	サトノジュピター 4勝	鹿 57 騸5	イーガン	池江寿	1500	5071	キャロットF	ノーザンF	芝1587② 三2154⑦ 阪1322③ 新1469⑥
12	緑6	カルリーノ	マツリダゴッホ	アイリスモレア 1勝	鹿 57 牡6	石川	高橋裕	1500	10,596	GリビエールR	松栄牧場	函1095③ 東1198② 東1323③ 札1516⑪
13	橙7	クロスマジェスティ	ディーマジェスティ	テンザンコノハナ 4勝	鹿 54 牝3	柴田善	水野	1600	2890	辻高史	藤原牧場	阪1338⑬ 福1493⑤
14	橙7	トオヤリトセイト	ドリームジャーニー	ジャジャマーチャン 未出	青鹿 57 牡6	坂井	松下	1500	8246	村田能光	社台F	阪1198② 東1328⑧ 阪1478⑫
15	桃8	ハーモニーマゼラン	ダイワメジャー	スターズアラインド 愛	鹿 57 牡5	石橋脩	牧	1500	6700	日下部勝徳	笠松牧場	
16	桃8	ヴィアルークス	ディープインパクト	リズムオブライト 英	鹿 57 牡4	横山武	藤原英	1500	4330	フクキタル	パカパカF	東1324⑦

1着⑥インダストリア

（1番人気）

2着①ダンテスヴュー

（3番人気）

3着⑮ハーモニーマゼラン

（8番人気）

単⑥ 230 円

複⑥ 140 円 ① 200 円 ⑮ 370 円

馬連①－⑥ 750 円

3連複①⑥⑮ 6870 円

3連単⑥→①→⑮ 17270 円

結果、復帰はちょっと遅めになり、暮れの、カウントダウンS（3勝クラス）に。

有馬記念後の、12Rだ。

鞍上は、クリスチャン・デムーロ。

神髄を見せてくれと期待して、単複。

すると見られた。

レースは、内目の枠のスタートから、一気に出していく競馬となった。

出していっているのに、ハナはいかず、好位で、引っかからない。

4コーナー手前での進出のタイミングも逃さない。

躊躇なく、一気に馬群に突っ込んでいって間を割る競馬。

2着。

ゴール前で、中山巧者のインダストリアに強襲を喰らってしまったが、完璧なレースをしてくれた。

単複馬券だと、馬1頭、騎手ひとりと向き合える。

それが何よりのいいところ。

もしダンテスヴューからバラバラといろいろな馬券を買うスタイルだったら、2着となったこのレースの騎乗を「名騎乗」と覚えていることはないと思う。

逆にインダストリアが、どんな風に乗られて、どんな風に直線で追い込んできたかを、覚えていないほどだ。そしてそれは、後からゆっくり、レースVTRを見直せばいいこと。

単複で人馬と自分が一体化するのが、一番大事なことなのだ。

4コーナー手前からの動きは、まるで切れ味抜群の名刀のような動作だった。

まるで、真空を真っ二つに切り裂いたかのようなキレキレのライディング。

まだ彼が無名だった、2012年の小倉の時からそうなんだけどね。

●2023年　中山金杯　ラーグルフ
中山コースの攻略法、教えましょう

モーリスの中距離馬は信頼できるのか。

この、ここ数年の問題に終止符を打つことができたのが、このレースだ。

やはり、切れ味不足だとは思う。

ただ、産駒も代を重ねて、こなれてきた。

急坂でパワー比べになれば、けっこうやれる。そう思っていた。

ラーグルフは、前走で3勝クラスを圧勝していた。

元、芙蓉S勝ち、弥生賞3着の、中山巧者。

こういう馬が再浮上して条件戦を勝ってきたら、勢いのあるタイミングでなら、狭間のGⅢなら好勝負となる。

この中山金杯は、まさにそういうタイミングだった。

鞍上、戸崎騎手が恐かったが……。

レースは、戸崎騎手にしてはスムーズに好位まで出していく騎乗。

●2023年1月5日・中山11R中山金杯（GⅢ、芝2000m）

馬番	馬名	父	母	斤量	騎手
1	マテンロウレオ	ハーツクライ	サラトガヴィーナス	57.5	横山和
2	クリノプレミアム	オルフェーヴル	ダンシングクイーン	55	Mデムーロ
3	ラーグルフ	モーリス	アバンドーネ	56	戸崎圭
4	レインカルナティオ	ルーラーシップ	リビングプルーフ	55	石川
5	フェーングロッテン	ブラックタイド	ピクシーホロウ	56	松若
6	スカーフェイス	ハーツクライ	スプリングサンダー	56	石橋脩
7	アラタ	キングカメハメハ	サンシャイン	57	横山武
8	カレンルシェルブル	ハービンジャー	カレンケカリーナ	56	斎藤
9	ヒュミドール	オルフェーヴル	アヴェクトワ	56	田辺
10	コスモカレンドゥラ	ノヴェリスト	ミルルーテウス	56	柴田大
11	ラーゴム	オルフェーヴル	シュガーショック	58	バシュロ
12	ウインキートス	ゴールドシップ	イクスキューズ	55	松岡
13	フォワードアゲン	ルーラーシップ	エーシンシャイナー	54	江田照
14	ワンダフルタウン	ローズキングダム	シーオブラブ	58	津村
15	レッドランメルト	ディープインパクト	クイーンズアドヴァイス	55	北村宏
16	ゴールドスミス	ステイゴールド	ザミリア	57	大野
17	エヴァーガーデン	アイルハヴアナザー	モエレカトリーナ	53	丹内

3　1　2

1着③ラーグルフ
（1番人気）
2着②クリノプレミアム
（7番人気）
3着⑤フェーングロッテン
（2番人気）

単③ 450円
複③ 180円　② 360円　⑤ 180円
馬連②ー③ 3680円
3連複②③⑤ 8170円
3連単③→②→⑤ 44340円

東京の時よりも、前をしっかり射程圏に入れていた。

ラーグルフも、それに応えて、綺麗に流れ乗っていた。

通過は、7→7→5→5で、少しずつ上がっていけているのがわかる通過順位。4コーナーでけっこう外から囲まれるような形になったが、馬がパワーアップしていた。

一緒に伸びてきたクリノプレミアムをハナ差、押さえ切って快勝。

何よりも位置を取れたのが大きかった。

中山では、結局「前で、末脚をグッと溜めている馬」が有利だ。

なかなか、人馬一体のレース。

単複を持っていた人も、一緒に人馬一体になれたレースだった。

●2023年　関門橋S　ディープモンスター
ディープ系の単複の買い方

ディープインパクト産駒は、総じて平坦巧者だ。

今でもそう思っている。

初期の産駒たちは、中山が苦手で、特に初見参の中山が苦手で、なんなら阪神の坂も、初見参では苦手としていた。

牝馬クラシック戦線では、『素質馬が、GⅢながらチューリップ賞（現GⅡ）で初めての急坂でストップ、〝坂慣れ〟して、本番では、GIながら桜花賞でワンランク上の走りを披露』というパターンが、

●2023年２月５日・小倉11Ｒ関門橋Ｓ（ＯＰ、芝2000m）

馬番	枠	馬名	父	母（母成績）	毛色・斤量・性齢	騎手	調教師	賞金	総賞金	馬主	生産者	予想印	持ち時計
1	白1	バジオウ	ルーラーシップ	フローレスダンサー 1勝	鹿 57 牡5	菱田	田中博	2500	5580	鈴木剛史	社台F	△ △ △ △ … △東	2233⑨ 東1469② 東1581① 2159④
2	黒2	ラセット	モンテロッソ	ナンヨーサフラウア 未勝	鹿 58 牡8	加藤	庄野	3200	11,160	桂土地	三好牧場	… … … … … …	京1319④ 阪1460⑧ 1208① 1578⑨
3	黒2	ヴァンランディ	キングカメハメハ	ハッピーパス 5勝	鹿 57 牡7	団野	武井	2400	8550	サンデーR	ノーザンF	… … ▲ … … 東	新1456⑭ 東1588⑩
4	赤3	ダンディズム	マンハッタンカフェ	ビューティーコンテスト 愛	黒鹿 57 騸7	富田	野中	2500	7802	カナヤマHD	三嶋牧場	▲ △ … ◎ △ △	2252⑤ [illegible]③ [illegible]① [illegible]①
5	赤3	レッドベルオーブ	ディープインパクト	レッドファンタジア 未勝	青鹿 58 牡5	北村友	藤原英	3500	8790	東京HR	ノーザンF	注 △ ◎ △ ◎ △	阪1324① 小1455① 阪1586⑨ 1201⑥
6	青4	ニホンピロスクーロ	ニホンピロアワーズ	ニホンピロエミリー 未勝	青鹿 57 騸6	高倉	服部	2400	7661	小林英一	友田牧場	B … … △ … …	阪1344④ 阪1461④ 東1593⑥ 阪2129⑥
7	青4	ナイママ	ダノンバラード	ニシノマドカ 1勝	鹿 57 牡7	丹内	武藤	2450	8222	ビッグレッドF	道見牧場	△ … … 注 △ 注東	2245⑬ 新1456⑬ 1589⑥ 京2123④
8	黄5	ジェットモーション	ハーツクライ	トップモーション 未勝	黒鹿 57 騸7	藤岡佑	藤岡健	2400	4820	G1レーシング	ノーザンF	B … … … … …	2270④ 函1483⑦ 阪1592⑥ 2127①
9	黄5	バイオスパーク	オルフェーヴル	ナナヨーティアラ 3勝	黒鹿 59 牡8	角田和	浜田	4450	15,685	宮田直也	小島牧場	… … … … … …	2262⑨ 阪1454⑤ 東1591⑮ 2421④
10	緑6	ゴールドギア	ロードカナロア	ギンザボナンザ 5勝	黒鹿 58 牡8	丸山	伊藤圭	3800	13,886	有馬博文	三嶋牧場	B … … … △ 東	東1334③ 東1459⑧ 東1580⑥ 中2126⑤
11	緑6	エヴァーガーデン	アイルハヴアナザー	モエレカトリーナ 2勝	黒鹿 55 牝6	黛	深山	2400	9902	コスモヴューF	コスモヴューF	△ ◎ 注 … △ ▲東	中1361⑦ 小1465⑨ 1578② 中2131②
12	橙7	ビッグリボン	ルーラーシップ	ブリッツフィナーレ 未出	鹿 55 牝5	西村淳	中内田	2400	5510	石川達絵	下河辺牧場	○ ▲ △ ▲ ▲ ◎	阪[illegible]③ 中[illegible]③
13	橙7	ディープモンスター	ディープインパクト	シスタリーラヴ 米	青鹿 57 牡5	浜中	池江寿	2100	7530	DMMドリームC	矢野牧場	◎ ○ ○ ○ ○ ○	2257⑯ [illegible]② 東[illegible]⑤ 阪[illegible]①
14	桃8	プリマヴィスタ	ハーツクライ	サンヴァンサン 3勝	栗 57 牡6	幸	矢作	2400	5940	加藤裕司	白老F	△ 注 △ △ 注 △	2247⑬ 中1487⑥ 福1591⑨ 2090①
15	桃8	プレシャスブルー	ディープインパクト	オンワードミシェル 3勝	鹿 57 牡9	勝浦	相沢	2450	13,397	石瀬浩三	石郷岡雅樹	… △ … … … △東	中1359④ 新1455⑫ 東1586⑦ 2133①

馬番	近走1	近走2	近走3	近走4
1	2東 4月30日 ③府中 1 3勝 14ト18頭 1581 57戸崎圭 M②②② 478 人気3 先行抜出 ハナ 359内349 サトノセシル 1581 0.0	2東 5月29日 ⑫目黒 10 GII 3ト18頭 2326 55戸崎圭 S②②② 470 人気3 先行一杯 3身 371中351 ボッケリーニ 2321 0.5	4東 10月16日 ⑤オクトー 8 L 2ト16頭 1587 56田辺 M⑤⑦⑤ 478 人気1 好位一杯 3½ 369内350 ゴールドスミス 1581 0.6	6中京 12月10日 ③中日新聞 9 GIII 12ト18頭 1599 54岩田康 S②②② 472 人気6 先行一杯 3身 374中355 キラーアビリテ 1594 0.5
2	1阪 3月6日 ⑧大阪城S 8 L 9ト12頭 天外1460 55藤岡佑 S⑫⑫⑪ 496 人気7 後直だけ 7身 369内346 アルサトワ 1448 1.2	2阪 3月27日 ②六甲 9 L 1ト18頭 天外1346 57西村淳 S⑰⑰⑰ 494 人気12 後方差詰 5¾ 374中340 エアロロノア 1337 0.9	3阪 6月18日 ①米子 4 L 15ト16頭 天外1332 57西村淳 S⑫⑫⑬ 496 人気13 後方追上 1¾ 360中339 ウインカーネリ 1329 0.3	6阪 12月10日 ③リゲルS 8 L 7ト9頭 天外1345 57荻野極 S⑨⑨⑨ 494 人気7 後方まま 5½ 377外335 シャイニーロッ 1336 0.9
3	5中 21年12月 ⑥ディセン 2 L 7ト16頭 天内1479 56杉原 S⑧⑦⑥ 472 人気12 内つき伸 1½ 380内349 ローザノワール 1477 0.2	2新 7月30日 ①閃 14 オープン 18ト18頭 天外1456 56杉原 S⑮⑰⑰ 466 人気14 後方まま 4½ 365内339 イクスプロージ 1448 0.8	4東 10月16日 ⑤オクトー 10 L 3ト16頭 1588 56柴田大 M⑧⑧⑧ 462 人気9 中位まま 4身 372中348 ゴールドスミス 1581 0.7	5中 12月18日 ⑥ディセン 14 L 15ト16頭 天内1495 56Hドイル H⑭⑭⑬ 464 人気11 後方まま 5½ 384中362 ショウナンマグ 1484 1.1
4	2東 5月29日 ⑫目黒 7 GII 6ト18頭 2324 54富田 S⑭⑭⑬ 466B 12 後方差詰 1¾ 388中340 ボッケリーニ 2321 0.3	5東 11月6日 ②アルゼン 16 GII 10ト18頭 2325 54富田 S⑱⑱⑱ 468B 10 後方まま 9¼ 389中336 ブレークアップ 2311 1.4	6中京 12月10日 ③中日新聞 10 GIII 13ト18頭 2000 54富田 S⑱⑱⑯ 476B 16 出遅る 3¼ 394内338 キラーアビリテ 1594 0.6	1中京 1月15日 ⑥日経新春 7 GII 6ト14頭 2149 55富田 S⑫⑪⑪ 472B 11 後直だけ 4身 378内353 ヴェルトライゼ 2142 0.7
5	3中京 5月29日 ⑧至 6 L 11ト18頭 1201 56鮫島駿 S⑪⑨⑩ 484 人気2 折合欠 4身 350外340 エントシャイデ 1194 0.7	4小 8月28日 ⑥小倉日経 1 オープン 11ト11頭 天1455 56幸 H①①① 482 人気2 離逃げ 3身 347内361 シュヴァリエロ 1460 0.5	4東 10月9日 ②毎日王冠 10 GII 1ト10頭 天1462 56幸 M①①① 486 人気6 逃一杯 12¾ 345内365 サリオス 1441 2.1	6阪 12月3日 ①チャレン 9 GIII 1ト14頭 内1586 56福永 H①①① 504 人気3 逃一杯 6¾ 348内371 ソーヴァリアン 1575 1.1
6	5中京 10月1日 ⑧関ケ原S 11 3勝 5ト17頭 2001 57小牧太 S①①① 518B 14 逃一杯 6身 362内368 サンテローズ 1590 1.1	4東 10月23日 ⑦甲斐路 6 3勝 1ト10頭 1593 54小牧太 H①①① 510B 9 逃一息 7¾ 356外379 ラーグルフ 1580 1.3	5阪 11月12日 ③[illegible] 1 3勝 4ト9頭 内1598 54吉田隼 S①①① 504B 4 逃切る ½身 374内346 ビューティーウ 1599 0.1	6阪 12月3日 ①チャレン 11 GIII 14ト14頭 内1594 56吉田隼 H⑤⑤⑤ 500B 10 中位一杯 11¾ 366外369 ソーヴァリアン 1575 1.9
7	2新 7月30日 ①閃 13 オープン 13ト18頭 天外1456 56柴田大 S⑪⑫⑫ 494 人気16 中位一杯 4½ 361内346 イクスプロージ 1448 0.8	4小 8月28日 ⑥小倉日経 4 オープン 7ト11頭 天1462 56国分優 H⑤②② 484 人気10 好位一息 4身 370外343 レッドベルオー 1455 0.7	5中京 9月17日 ③ケフエウ 6 オープン 3ト10頭 1589 54国分優 S⑤④⑤ 482 人気6 中位まま 7¾ 370中353 コスモカレンド 1576 1.3	5中 12月18日 ⑥ディセン 6 L 1ト16頭 天内1487 56柴田大 H④③② 488 人気14 好位一息 1½ 367内369 ショウナンマグ 1484 0.3
8	1函 21年8月 ⑪札幌日経 7 L 6ト15頭 2407 56藤岡佑 M⑨⑩⑧ 518B 5 中位差詰 5½ 383外369 ディアスティマ 2398 0.9	5中 21年12月 ⑥ディセン 14 L 16ト16頭 天内1491 56田辺 S⑯⑯⑯ 534B 8 後方まま 8½ 397外349 ローザノワール 1477 1.4	1中 22年1月 ①中山金杯 10 GIII 14ト17頭 内2009 54田辺 S⑫②② 530B 14 向正一気 5¼ 391中366 レッドガラン 2001 0.8	13ヵ月休 放牧 乗込み3週間 仕上り○ 連対体重 514～530 3ヵ月以上休 ①②③外 1002
9	2東 5月21日 ⑨メイ 10 オープン 3ト13頭 天1475 57大野 S③⑩⑩ 478 人気10 内々回る 7¾ 372内347 カレンシュトラ 1463 1.2	4中 9月18日 ④ラジオ日本 14 オープン 9ト16頭 天ダ1533 58横山典 S③③④ 472 人気13 好位バテ 17½ 373中396 アシャカトブ 1503 3.0	4東 10月16日 ⑤オクトー 15 L 6ト16頭 1591 58吉田豊 M⑮⑮⑮ 462 人気15 後方まま 6¼ 381中346 ゴールドスミス 1581 1.0	3ヵ月半 放牧 乗込み3週間 仕上り○ 連対体重 456～486 3ヵ月以上休 ①②③外 1103
10	2東 5月29日 ⑫目黒 13 GII 1ト18頭 2327 55田辺 S⑰⑯⑮ 482B 17 後方差詰 3¾ 392内342 ボッケリーニ 2321 0.6	1札 8月6日 ⑤札幌日経 2 L 1ト10頭 2415 57横山和 S⑨②② 482B 7 向正進出 クビ 398中354 ハーツイストワ 2415 0.0	2札 9月4日 ⑧丹頂 7 オープン 11ト11頭 2427 55横山和 S⑧②② 482B 5 3角一杯 6½ 406中383 ボスジラ 2417 1.0	5阪 11月19日 ⑤アンドロ 7 L 11ト11頭 内2002 55池添 S⑪⑪⑩ 482B 10 後直だけ 4¾ 384内352 マテンロウレオ 1593 0.9
11	4小 8月28日 ⑥小倉日経 9 オープン 10ト11頭 天1465 54西村淳 H③②② 486 人気5 好位一杯 6身 368中347 レッドベルオー 1455 1.0	5中京 9月17日 ③ケフエウ 2 オープン 6ト10頭 1578 52和田竜 S③④④ 486 人気4 好位伸 1½ 365外344 コスモカレンド 1576 0.2	4新 10月23日 ④新潟牝馬 5 牝オープン 14ト14頭 三内2149 54丸山 S②②② 490 人気7 先行一息 2½ 360中355 ホウオウエミー 2145 0.4	1中 1月5日 ①中山金杯 10 GIII 17ト17頭 内2009 53丹内 S③③② 496 人気14 好位一杯 4身 369中364 ラーグルフ 2002 0.7
12	6中京 21年12月 ①栄 1 1勝 18ト18頭 2009 54西村淳 S⑩⑤③ 506 人気1 楽抜出 ¾身 373外352 テリオスマナ 2010 0.1	1中京 22年1月 ⑤遠江 1 2勝 3ト10頭 2001 54川田 S⑥⑤⑥ 496 人気1 楽抜出 4身 377外344 ノースザワール 2008 0.7	2中 3月6日 ④潮来 6 3勝 9ト16頭 三外2129 54川田 H⑨⑧⑤ 496 人気1 4角不利 2½ 378中358 キングオブドラ 2124 0.5	6阪 12月25日 ⑧サンタク 1 3勝 2ト13頭 内2002 55イーガン S③⑤⑥ 512 人気1 G前差す ハナ 375内352 アナゴサン 2002 0.0
13	4阪 21年10月 ⑥菊花 5 GI 7ト18頭 内3056 57武豊 S⑨⑩⑪ 450 人気7 直線差詰 6½ 375中349 タイトルホルダ 3046 1.0	1東 22年1月 ①早春 5 L 11ト14頭 1578 55武豊 S⑦⑥⑥ 456 人気3 G前鈍く 2¾ 368中345 ジャックドール 1574 0.4	2札 9月4日 ⑧丹頂 2 オープン 9ト11頭 2418 56川田 S⑤⑥⑤ 466 人気1 中位伸 1身 386外369 ボスジラ 2417 0.1	5阪 11月19日 ⑤アンドロ 2 L 2ト11頭 内1595 56岩田望 S⑥⑦⑥ 464 人気1 中位伸 1¼ 374外349 マテンロウレオ 1593 0.2
14	4小 8月14日 ②小倉記念 GIII 8ト15頭 取消 53高倉 右後肢フレグモーネ マリアエレーナ 1574	3新 9月4日 ⑧新潟記念 6 GIII 11ト18頭 外1596 53松岡 S⑮⑯⑮ 476 人気15 後方差詰 4身 379内335 カラテ 1589 0.7	6中京 12月10日 ③中日新聞 6 GIII 17ト18頭 1596 53坂井 S⑪⑩⑪ 482 人気14 中位差詰 1身 385中343 キラーアビリテ 1594 0.2	1中京 1月15日 ⑥日経新春 12 GII 9ト14頭 2151 54Mデムーロ S⑫⑪⑬ 482 人気6 後方まま 5½ 381外353 ヴェルトライゼ 2142 0.9
15	2新 7月30日 ①閃 12 オープン 12ト18頭 天外1455 56Mデムーロ S⑰⑯⑯ 434B 10 後方差詰 4身 367外342 イクスプロージ 1448 0.7	3新 9月4日 ⑧新潟記念 10 GIII 2ト18頭 外2000 55Mデムーロ S⑱⑱⑰ 438B 12 後直だけ 6¾ 390内337 カラテ 1589 1.1	4東 10月16日 ⑤オクトー 7 L 12ト16頭 1586 56勝浦 M⑯⑮⑮ 434B 10 後直だけ 3¼ 383外340 ゴールドスミス 1581 0.5	5東 11月6日 ②アルゼン 13 GII 2ト18頭 2322 54津村 S⑮⑮⑬ 442B 17 後方まま 7¼ 386中341 ブレークアップ 2311 1.1

1着⑬ディープモンスター

（1番人気）

2着④ダンディズム

（5番人気）

3着⑫ビッグリボン

（2番人気）

単⑬ 280 円

複⑬ 130 円　④ 230 円　⑫ 140 円

馬連④－⑬ 1810 円

3連複④⑫⑬ 1990 円

3連単⑬→④→⑫ 10900 円

けっこうあった。

クルミナル。チューリップ賞11着 → 桜花賞2着。

コンテッサトゥーレ。チューリップ賞6着 → 桜花賞3着。

後の三冠女王ジェンティルドンナでもそう。チューリップ賞4着 → 桜花賞1着。

そう、あのジェンティルドンナでさえも、初の急坂は落としていた。

そして、一期生のトーセンラーは「京都の鬼」。

ディープインパクトは、産駒が登場した頃、平坦巧者・京都の鬼、という始まり方だった。

その名残は、今でも残っている。

この馬券は、その平坦適性を上手く使った馬券だ。

ディープモンスターがデビューから3戦2勝、すみれSを勝って、クラシック戦線に乗ってきた。

素質馬だった。

ただ、その後がスッキリしない競馬が続いた。

僕は、「一度、綺麗な平坦コースを知らせてみたい」と思っていた。

そんな中、小倉に登場したのがこのレース。

鞍上は浜中騎手だ。

平坦巧者（かもしれない馬）＋小倉が上手い騎手。

そんなコンビで、いつも以上の爆発力が引き出された。

レース後のコメントで、浜中騎手が「インにこだわった」と言っているように、まさに小倉を知り尽くした騎手の名騎乗。

こんな時に単複を持っていると、本当に人馬一体になったような感覚に陥るものだ。

●2023年　フェブラリーS　レモンポップ
できる新人騎手、ダメな新人騎手

東京ダート1400mで強すぎる。

本格化してから負けたのは1600mの武蔵野Sだけ。

200mの距離延長がどうか。

こんなことを言われていたのが、この年のフェブラリーSに1番人気馬、レモンポップだ。

東京ダート得意。それは間違いない。誰が見ても得意。

ところが世の中は、武蔵野Sで負けた理由を「1600mだから」と解釈した。

フェブラリーSの単勝オッズは2・2倍。

ここまで強い馬が、勢いもある時期に、1倍台にならないのかという印象だった。

世の中は、武蔵野Sを負けた敗因を見間違えていた。

200m長いのではない、「初めての重賞だから」連勝がストップした。

つまり、格負けだ。

新しく乗り替わった鞍上も良かった。

坂井瑠星。

●2023年２月29日・東京11Ｒフェブラリ－S（ＧⅠ、ダ1600m）

枠	桃8	桃8	橙7	橙7	緑6	緑6	黄5	黄5	青4	青4	赤3	赤3	黒2	黒2	白1	白1
馬番	16	15	14	13	12	11	10	9	8	7	6	5	4	3	2	1
父	キンシャサノキセキ	ロードカナロア	オルフェーヴル	タイセイレジェンド	ヘニーヒューズ	トビーズコーナー	サウスヴィグラス	オルフェーヴル	ヘニーヒューズ	レモンドロップキッド	パイロ	スマートファルコン	シニスターミニスター	パイロ	スペイツタウン	ヴァイオレンス
馬名	ケイアイターコイズ	レッドルゼル	ヘリオス	(地)スピーディキック	セキフウ	ソリストサンダー	テイエムサウスダン	ショウナンナデシコ	アドマイヤルプス	(外)レモンポップ	メイショウハリオ	オーヴェルニュ	ドライスタウト	ケンシンコウ	(外)シャールズスパイト	(外)ジャスパープリンス
母	ケイアイイデイジー 3勝	フレンチノワール 4勝	アンジュシエエット 2勝	デザートフラワー	シャボンナ 米	ラヴソースウィート	ムービングアウト 未勝	ショウナンマオ 3勝	カールファターレ 1勝	アンリーチエイブル 米	メイショウオウヒ	ギュイエンヌ 3勝	マストバイアイテム 3勝	マトクリアルカ	パーフェクトシャール 米	アンビシャスジャーニー 加
斤量・性齢	芦 58 牡7	鹿 58 牡7	黒鹿 58 騸7	栗 56 牝4	栗 58 牡4	黒鹿 58 牡8	鹿 58 牡6	栗 56 牝6	栗 58 騸6	栗 58 牡5	栗 58 牡6	鹿 58 牡7	黒鹿 58 牡4	鹿 58 牡6	鹿 58 牡6	鹿 58 牡8
騎手	横山和	川田	武豊	御神本訓	Mデムーロ	菅原明	ルメール	横山武	内田博	坂井	浜中	福永	戸崎圭	バシュロ	モレイラ	田中勝
調教師	新谷	安田隆	西園正	(浦和)藤原智	武幸	高柳大	飯名正	須貝尚	加藤征	田中博	岡田	西村	牧浦	小西	アトフィールド	森秀
賞金	4800	16,190	8760	7650	4870	8870	13,510	12,230	3600	7700	10,200	10,850	4200	5050	13,300	5200
総賞金	15,260	37,352	19,900	15,745	11,971	24,075	28,464	28,622	9470	16,290	25,867	23,025	9595	11,333	カナダ	11,115
馬主	ケイアイS	東京HR	黒川暁子	加藤鈴幸	中辻明	村上稔	竹園正繼	国本哲秀	近藤旬子	ゴドルフィン	松本好雄	杉山忠国	YGGホースC	天野克彦	C.フィプケ	加藤和夫
生産者	新冠橋本牧場	社台F	桑田牧場	熊谷武	パンプー牧場	村田牧場	グランド牧場	天羽牧場	ノーザンF	アメリカ	三嶋牧場	明治牧場	下河辺牧場	静内山田牧場	GⅠ1勝	アメリカ

1着⑦レモンポップ	単⑦ 220 円
（1番人気）	複⑦ 130 円 ⑮ 230 円 ⑥ 260 円
2着⑮レッドルゼル	馬連⑦－⑮ 970 円
（3番人気）	3連複⑥⑦⑮ 2630 円
3着⑥メイショウハリオ	3連単⑦→⑮→⑥ 7700 円
（4番人気）	

外枠を引かないと、馬群にどんどん埋もれていく戸崎騎手より、よっぽどいい。

ＪＲＡのできる若手騎手を（数が少ないが、現行の騎手育成システムのままだと）、ここでお教えする。


坂井瑠星騎手。

西村淳也騎手。

菱田裕二騎手。


勝つ時も負ける時も、キッチリ乗って納得させてくれるのは、この３人だ。

西村騎手はミクソロジーのダイヤモンドＳのコーナーリングが上手で焦った。騎乗にはまったく期待しないで単複を買っていたが、４コーナーで「めっちゃウマッ！」と声が出た。

菱田騎手はもう中堅か。でも、凄く上手くなっている。アイオライトもテーオーロイヤルもいつも抜群の上手さ。２０２０年の丹頂Ｓ・タイセイトレイル３着で初めて単複を買って、あまりの上手さから（いつの間にか成長していた）、高く評価している。

そして、坂井騎手だ。

スタニングローズの紫苑Ｓで初めて単複を買って、隙のない競馬に感動した。１コーナーの入り方が抜群だった。そのまま秋華賞でも購入、彼の騎乗を信頼していた。そして坂井騎手のＧＩ初制覇の単複を獲れた。

そして、レモンポップのフェブラリーＳは絶品中の絶品、と言えるもの。

そう乗れることもわかっていた。

出していくサジ加減、流れに乗った道中、そして一糸乱れぬ芸術のような4コーナーの回り方は、まるで、往年の岡部幸雄元騎手のよう。

結果は楽勝だった。

２００ｍ延長、結局、全然関係なかったでしょ？？

キングマンボ系・レモンドロップキッド産駒が、２００ｍの延長に耐えることは、たやすいことなのだ。

かなりの好騎乗なので、レースＶＴＲ必見のＧＩだ。

●2023年　高松宮記念　ナムラクレア
短距離路線の決まり事

日本の短距離路線は、長距離路線より、レベルが低い。
ずっとそう言ってきた。
よって、次のような現象が起きる。
マイルＧＩは、中距離路線からの馬が強い
スプリントＧ１は、マイル路線からの馬が強い
そして。
「勢い」が通用しやすい
この高松宮記念でいうと、「勢い」とは「シルクロードＳ勝ち」（キレキレの末脚で勝つか、突き離して圧勝するか）がピッタリ。

●2023年３月26日・中京11Ｒ高松宮記念（ＧⅠ、芝1200ｍ）

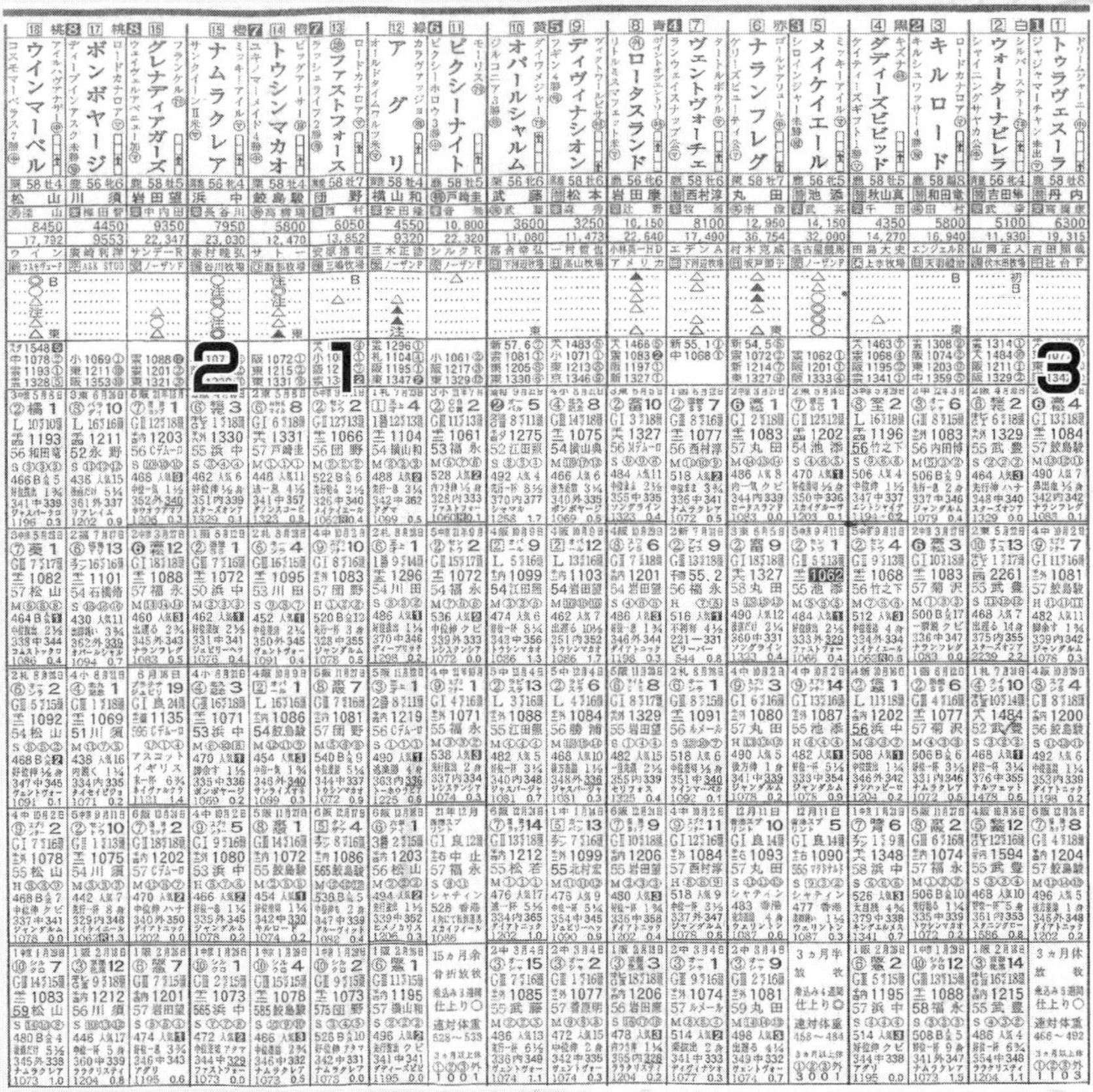

馬番	馬名	性齢	斤量	騎手
18	ウインマーベル	牡4	58	松山
17	ボンボヤージ	牝6	56	川須
16	グレナディアガーズ	牡5	58	岩田望
15	ナムラクレア	牝4	56	浜中
14	トウシンマカオ	牡4	58	鮫島駿
13	ファストフォース	牡7	58	団野
12	アグリ	牡4	58	横山和
11	ピクシーナイト	牡5	58	戸崎圭
10	オパールシャルム	牝6	56	武藤
9	ディヴィナシオン	牡6	58	松本
8	ロータスランド	牝6	56	岩田康
7	ヴェントヴォーチェ	牡6	58	西村淳
6	ナランフレグ	牡7	58	丸田
5	メイケイエール	牝5	56	池添
4	ダディーズビビッド	牡5	58	秋山真
3	キルロード	牡8	58	田辺
2	ウォーターナビレラ	牝4	56	吉田隼
1	トゥラヴェスーラ	牡8	58	丹内

1着⑬ファストフォース　　単⑬ 3230 円

（12 番人気）　　複⑬ 660 円　⑮ 220 円　① 770 円

2着⑮ナムラクレア　　馬連⑬－⑮ 7920 円

（2番人気）　　3連複①⑬⑮ 81180 円

3着①トゥラヴェスーラ　　3連単⑬→⑮→① 668280 円

（13 番人気）

この年はナムラクレアが、スローペースを切り裂くような末脚を披露して、シルクロードSを快勝。実力的に本格化と思えたし、何よりこれで「勢いがついた」。

こういう馬は、高松宮記念では崩れない。

浜中騎手は実力を過小評価されている騎手で、ディープモンスター、ダブルシャープ、ダディーズビビッド、ボッケリーニ、少し前だとラブリーデイなども、かなり「キチンと一発勝負」に出てくれる。こうして見ると、池江調教師の信頼が厚いのがわかる。

２０２１年の高松宮記念ではレシステンシアに乗り、先行したいレシステンシアがスタートから先を越されて、いつと違う形になり万事休すかという中で、なんとか差し競馬に仕立てながら、メチャクチャ上手く乗ってくれた思い出がある（2着）。

この時も単複を持っていた。

このように、単複だと、1着でなくても、騎乗ひとつがずっと印象深くなる。

この年も偶然、また浜中騎手。

また上手く勝負に出てくれると思い、単複。

レースでは、不良馬場でインコースが荒れている中、前に馬を置き、中団の外目で馬群に少し入れながらガッチリ折り合いをつける競馬。

直線に入ってから、チョンと外へ持ち出す形で、タイミング。コース取り、すべてが完璧だった。

直線半ばでファストフォースに後塵を拝したが、ビッシリと追って、馬もしっかり伸びてくれて、2着。

上手い騎乗、というより、ちゃんと乗って勝負に加わってくれるから、安心して任せられる。

ナムラクレアですごく下手に乗った北九州記念では、自分の騎乗がダメだったと責める発言をしているのも、いい。

要は、『いつもの下手騎乗』ではなく、『たまたまの騎乗ミス』だということだろう。

僕もそう感じる。

いつもは上手いだけに。

そう。

いつも上手く乗れない騎手は「騎乗ミス」ではないのだ。

いつもは上手く乗れる騎手だから「ミスった」という表現になるわけで。

簡単に「騎乗ミス」という言葉を使ってはいけない。

いつも上手く乗れない騎手が「騎乗ミス」って、ヘンでしょう。

それは、ミスではなく、単なる「いつも通り」だからだ。

●2023年　皐月賞　タスティエーラ　その舞台の練習をするということ

この年の皐月賞は大混戦。

戦前は、どれが強いか本当にわからないような状況だった。

結果的に、このレース後に「春の段階では2頭抜けている世代だった」とわかるわけだが。

●2023年4月16日・中山11R皐月賞（GⅠ、芝2000m）

馬番	枠	父	馬名	母（母の成績）	斤量・性齢	騎手	調教師	賞金	総賞金	馬主	生産者
1	白1	キタサンブラック	ソールオリエンス	スキア（仏）	57 牡3	横山武	手塚	2400	4700	社台RH	社台F
2	白1	ハービンジャー	ワンダイレクト	ワントゥワン（5勝）	57 牡3	藤岡佑	藤岡健	400	2900	青山洋一	社台F
3	黒2	ラブリーデイ	グリューネグリーン	レディーダービー（未勝）	57 牡3	石川	相沢	2000	4000	斎藤光政	本間牧場
4	黒2	シルバーステート	ショウナンバシット	ギエム（未出）	57 牡3	Mデムーロ	須貝尚	2100	4280	国本哲秀	ノーザンF
5	赤3	ルーラーシップ	フリームファクシ	ライツェント（未勝）	57 牡3	レーン	須貝尚	2900	5580	金子真人HD	ノーザンF
6	赤3	エピファネイア	ウインオーディン	ピエナビーナス（5勝）	57 牡3	三浦	鹿戸雄	1000	2190	ウイン	コスモヴューF
7	青4	ハービンジャー	ファントムシーフ	ルパンⅡ（米）	57 牡3	ルメール	西村	3000	7400	ターフS	谷川牧場
8	青4	デクラレーションオブウォー	トップナイフ	ビーウインド（未勝）	57 牡3	横山典	昆	4300	8890	安原浩司	杵臼牧場
9	黄5	マインドユアビスケッツ	ホウオウビスケッツ	ホウオウサブリナ（未出）	57 牡3	横山和	奥村武	2000	3970	小笹芳央	岡田S
10	黄5	シルバーステート	ラスハンメル	ピンクアリエス（未勝）	57 牡3	石橋脩	松永幹	400	1500	キャロットF	ノーザンF
11	緑6	ロードカナロア	シャザーン	クイーンズリング（6勝）	57 牡3	岩田望	友道	1600	2830	金子真人HD	社台F
12	緑6	ロードカナロア	ダノンタッチダウン	エピックラヴ（仏）	57 牡3	川田	安田隆	2550	5000	ダノックス	ノーザンF
13	橙7	ダノンバラード	グラニット	インティワタナ（1勝）	57 牡3	嶋田	大和田	1000	2810	ミルF	須崎牧場
14	橙7	サトノクラウン	タスティエーラ	パルティトゥーラ（3勝）	57 牡3	松山	堀	3100	6700	キャロットF	ノーザンF
15	橙7	ロードカナロア	ベラジオオペラ	エアルーティーン（1勝）	57 牡3	田辺	上村	3600	7170	林田祥来	社台F
16	桃8	ドゥラメンテ	タッチウッド	アメージングムーン（1勝）	57 牡3	武豊	武幸	1200	2300	吉田和美	村田牧場
17	桃8	シルバーステート	メタルスピード	マイピアース（未勝）	57 牡3	津村	斎藤誠	900	3178	Him Rock R	タバタF
18	桃8	ゴールドシップ	マイネルラウレア	マイネポヌール（4勝）	57 牡3	戸崎圭	宮	1600	2700	ラフィアン	ビッグレッドF

1着①ソールオリエンス　　単① 520円

（2番人気）　　複① 220円　⑭ 270円　⑦ 160円

2着⑭タスティエーラ　　馬連①−⑭ 3510円

（5番人気）　　3連複①⑦⑭ 3770円

3着⑦ファントムシーフ　　3連単①→⑭→⑦ 24780円

（1番人気）

皐月賞をやる前まではわからなかった。

そんな難解な皐月賞は、「どんなことをしてきた馬」が有利か。

簡単だ。

皐月賞の「練習」をしてきた馬だ。

練習とは何か。

これも簡単。
1、『2000mを連戦して経験値を増やす』
2、『中山芝2000mを経験させる』
3、『中山仕様の先行競馬を繰り返す』
京成杯馬は、よく皐月賞で「一発がある」。

中山芝2000mの重賞を勝ってきているからだ。

しかし、この年は、ソールオリエンスが勝利。キャリアは2戦2勝。もう1回ちゃんとレースを使ってほしかったところ。しかも、追い込み気味の競馬で勝っていた。

舞台経験は有利、しかし「練習をしてきた」とまでは言えない。

逆に。

もう1頭、良い馬がいた。

しかも、その馬が過小評価されている様子。

タスティエーラだ。

弥生賞を、先行できて、勝ってきている。

しかも、チョンと抜け出したイメージだが、実は「1馬身差」で、「圧勝」なのだ。

これは「間違いなく皐月賞馬に近い」。

そう思った。

あとは、松山騎手に託す、という感じ。

「前哨戦と同じ力加減で乗れば、騎手が意図的に力加減を変えなければ、本番のG1では流れがキツいぶん、2つか3つ、位置取りが後ろのところに収まるもの」

だからこそ、皐月賞の前哨戦は「その馬のベストポジションより、2つか3つ、前のポジションで競馬をして勝ち切っておくことが大切」。

タスティエーラは、このセオリー通りの馬だと思っていた。

レースはそのまま、予定通りの結果に。

弥生賞より2つか3つ位置取りを落としつつ、前目のポジジション。

完璧な競馬だったと思う。

直線も先頭に立ち、自力で勝ちに行く競馬。

2着。

最後は、ソールオリエンスの大外一気に負けてしまったが、力は出し切った。

皐月賞では絶対的に不利な、あの競馬ぶりで勝ち切って、しかも最後は突き放しているソールオリエンスは、なかなか凄い馬だ。

●2023年　マイラーズC　ソウルラッシュ
複勝による「防御を固める馬券」とは

ソウルラッシュという馬を、凄く評価している。

そのことは、富士Sでセリフォスとのワイド1点をサブ馬券として追加していることからも、わかってもらえるはず。

ソウルラッシュ。この馬は……。

ルーラーシップ産駒の、晩成型の牡馬。

下から連勝してきた遅まきの馬。

2022年、オープン経験がない身で、初重賞でマイラーズCにぶつけて、厳しくなるはずのこのレースで踏ん張り抜いて、好走。

これは『精神力の強さ』と『気性がいい』ことを指す。

こういう馬は信頼できる。

2022年のマイラーズCは勝ち切ってしまっている(1着)が、ここでは「勝ち切ったこと」より「3着以内にキチンと好走したこと」のほうが重要。

重賞初挑戦が、古馬重賞で、厳しくなっても好走できる馬は気性が抜群に良いのだ。

短距離馬であること以外は、とてもルーラーシップ産駒らしい馬で「切れ味がない」。

これが弱点。

勝ち切るのが大変なタイプではある。

●2023年４月23日・阪神11Ｒマイラーズ C（ＧII、芝1600m）

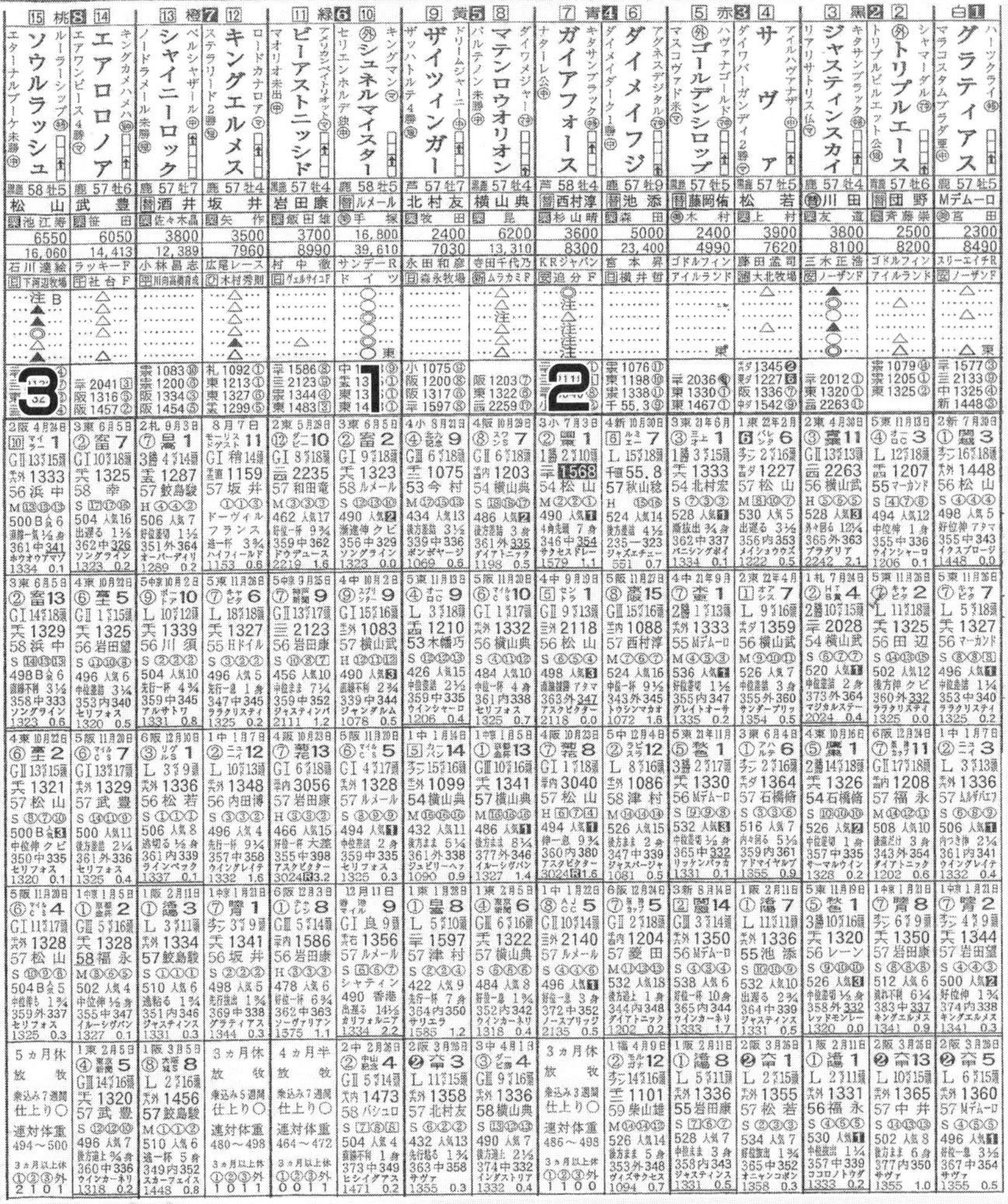

馬番	枠	馬名	父	母	斤量・性齢	騎手	調教師	賞金	総賞金	馬主	生産者
15	桃8	ソウルラッシュ	ルーラーシップ	エターナルブーケ	58 牡5	松山	池江寿	6550	16,060	石川達絵	下河辺牧場
14	桃8	エアロロノア	キングカメハメハ	エアワンピース	鹿 57 牡6	武豊	笹田	6050	14,413	ラッキーF	社台F
13	橙7	シャイニーロック	ベルシャザール	ノードラメール	鹿 57 牡7	酒井	佐々木晶	3800	12,389	小林昌志	川向高橋育成
12	橙7	キングエルメス	ロードカナロア	ステラリード	鹿 57 牡4	坂井	矢作	3500	7960	広尾レース	木村秀則
11	緑6	ビーアストニッシド	アメリカンペイトリオット	マオリオ	57 牡4	岩田康	飯田雄	3700	8990	村中徹	ヴェルサイユF
10	緑6	(外)シュネルマイスター	キングマン	セリエンホルデ（独）	鹿 58 牡5	ルメール	手塚	16,800	39,610	サンデーR	ドイツ
9	黄5	ザイツィンガー	ドリームジャーニー	ザッハトルテ	芦 57 牡7	北村友	牧田	2400	7030	永田和彦	森永牧場
8	黄5	マテンロウオリオン	ダイワメジャー	パルテノン	57 牡4	横山典	昆	6200	13,310	寺田千代乃	ムラカミF
7	青4	ガイアフォース	キタサンブラック	ナターレ	芦 58 牡4	西村淳	杉山晴	3600	8300	KRジャパン	追分F
6	青4	ダイメイフジ	アグネスデジタル	ダイメイダーク	鹿 57 牡9	池添	森田	5000	23,400	宮本昇	横井哲
5	赤3	(外)ゴールデンシロップ	ハヴァナゴールド	マスコヴァド（米）	57 牡5	藤岡佑	木村	2400	4990	ゴドルフィン	アイルランド
4	赤3	サヴァ	アイルハヴアナザー	ダイワバーガンディ	57 牡5	松若	上村	3900	7620	藤田孟司	大北牧場
3	黒2	ジャスティンスカイ	キタサンブラック	リアリサトリス（仏）	鹿 57 牡4	川田	友道	3800	8100	三木正浩	ノーザンF
2	黒2	(外)トリプルエース	シャマーダル	トリプルビルエット（公）	57 牡6	団野	斉藤崇	2500	8200	ゴドルフィン	アイルランド
1	白1	グラティアス	ハーツクライ	マラコスタムブラダ（亜）	鹿 57 牡5	Mデムーロ	宮田	2300	8490	スリーエイチR	ノーザンF

1着⑩シュネルマイスター

（1番人気）

2着⑦ガイアフォース

（4番人気）

3着⑮ソウルラッシュ

（3番人気）

単⑩ 250 円

複⑩ 130 円　⑦ 230 円　⑮ 150 円

馬連⑦ー⑩ 1170 円

3連複⑦⑩⑮ 1420 円

3連単⑩→⑦→⑮ 7370 円

２０２３年もマイラーズＣに出てくれればと思い、待っていた。

この、「勝ち切るのが大変なタイプ」には、複勝がよく効く。

レースは、松山騎手がソツなく、中団の外目から流れに乗せてくれた。

松山騎手は、あまり追えないタイプが、差し馬で流れに乗るのはわりと上手だ。

４コーナーを回る姿も抜群。

これは「勝ったかな」という競馬に。

しかし、そこから馬が切れ味不足。

伸びあぐねた。

松山騎手がコーナーリングを膨れることもなく、大きな隙がない騎乗をしてくれたぶん、なんとか上位争いにもつれ込みながらゴール。

結果は、３着を死守。

やっぱり複勝、でしょう。

●２０２３年　天皇賞・春　ジャスティンパレス

逃げ馬の本質

逃げている。

草食動物が逃げている。

群れから離れて逃げている。

そう聞いて、どんなイメージを抱くか。

強そう！　と思ったら、その人はバカだと思う。

あまりいないとも思う。

もう20年以上『逃げ馬は、個性ではなく、弱点』というセオリーを書いている。

２０２３年は、タイトルホルダーが天皇賞・春をマークされてスムーズに逃げることができずに惨敗。

『逃げ馬は強いから逃げているのではなく、そうするしかないから逃げている』

『絶頂期に２～３番手から早め先頭の競馬できても控えてＯＫということではなく、勢いでできていただけ』

『逃げ馬が大きく負ける時は「ペースの速さ」より「２～３番手の馬のマークのキツさ」』

『皐月賞２着からアスリートとしてピークに入った王道型は５歳で衰える』

『衰えている時節でも勝てるのはＧⅡ』。

これまで拙書に記した、セオリーの集大成のようなレースだった。

２０２２年の天皇賞・春はタイトルホルダーの単複を買った。

そして、２０２３年の天皇賞・春はジャスティンパレスの単複を買った。

天皇賞・春は「王道型・４歳菊花賞馬」を買うか「晩成型・菊花賞馬」を買う。中でも「前哨戦を勝った元菊花賞１～８着くらいの馬」を買う。これがセオリー。

つまり、当然の買い方で、必然的な勝利に近かった。

２０２２年は、４歳菊花賞馬のタイトルホルダーの単複。

●2023年４月30日・京都11Ｒ天皇賞・春（ＧⅠ、芝1600m）

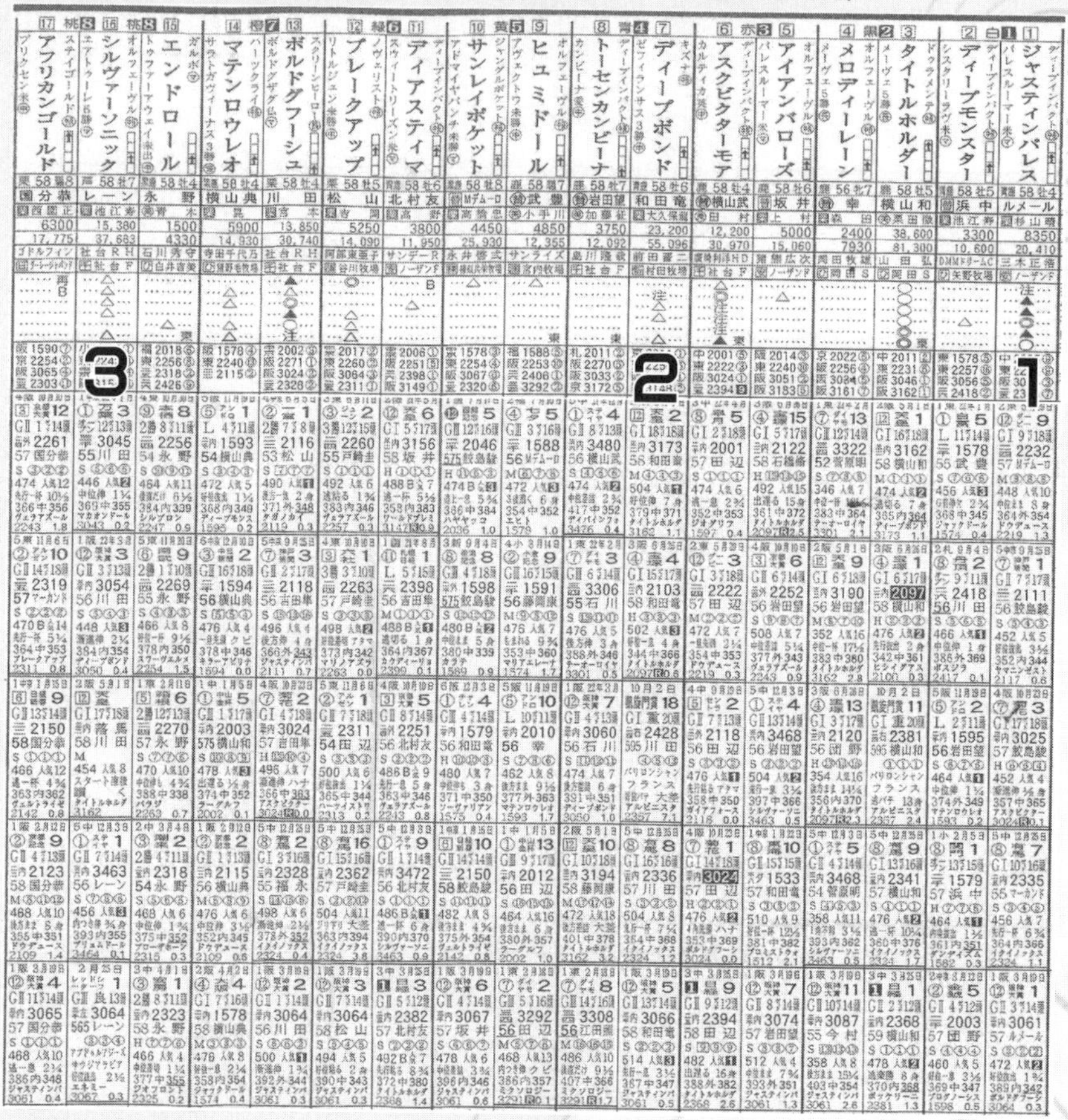

馬番	馬名	騎手
1	ジャスティンパレス	ルメール
2	ディープモンスター	浜中
3	タイトルホルダー	横山和
4	メロディーレーン	幸
5	アイアンバローズ	坂井
6	アスクビクターモア	横山武
7	ディープボンド	和田竜
8	トーセンカンビーナ	岩田望
9	ヒュミドール	武豊
10	サンレイポケット	Mデムーロ
11	ディアスティマ	北村友
12	ブレークアップ	松山
13	ボルドグフーシュ	川田
14	マテンロウレオ	横山典
15	エンドロール	永野
16	シルヴァーソニック	レーン
17	アフリカンゴールド	国分恭

1着①ジャスティンパレス（2番人気）

2着⑦ディープボンド（5番人気）

3着⑯シルヴァーソニック（6番人気）

単① 430円

複① 160円　⑦ 370円　⑯ 400円

馬連①－⑦ 4000円

3連複①⑦⑯ 13570円

3連単①→⑦→⑯ 65060円

4歳の菊花賞馬が前哨戦を勝っているのに、2番人気。

逃げ馬〝ながら〟ラクに逃げさせてもらえて、ぶっちぎりの圧勝。

これぞ天皇賞・春の勝ち方、と言いたいところだが……。

ここでは、これぞ「逃げ馬の勝ち方」なのだ。

2023年は、4歳菊花賞馬アスクビクターモアが前哨戦大敗しており、ちょっと不調な様子。4歳菊花賞2着馬のボルドグフーシュはスクリーンヒーロー産駒で、そもそも本質的には中距離馬だと思っている、というか、別定GⅡの馬だと思っている。そのため、4歳菊花賞3着馬で阪神大賞典圧勝のジャスティンパレスの単複。

これが、なんと2番人気。

結果は、流れに任せて回ってくるだけで圧勝だった。

タイトルホルダーは「逃げ馬なのに1番人気」で、総マーク、取り囲まれるようにして、ズルズルと後退した。

下馬もあったが、なんでも下馬すればいいというものではない。

状態ウンヌンとか、ハ行《こう》ウンヌンなど、そういう問題ではない。

これが、『競馬の流れ』で、それをしっかりと捕まえ、噛み締め、競馬と対峙するのには、単複が最適という話をしたかった。

また、タイトルホルダーには致命的な弱みがあった。

それは、「アスリートとしてのピークの時節」だ。

この馬は、皐月賞2着馬。

3歳の春から「GⅡ連対」で、ピークに入り「一流アスリート」となった。

つまり、『王道型』というタイプに属する。

その後は圧巻の逃走劇を何度も見せてくれた。

僕も2022年は、日経賞（1着）、天皇賞・春（1着）、宝塚記念（1着）、有馬記念（着外）と、単複を連発で買った。

不発の有馬記念を含めて、相当楽しませてもらったし、かなり好きな1頭だ。

しかし、この王道型というのは、2歳～3歳春のG1で連対してピークに入り、4歳でピークの最高潮を迎え、5歳になると、ゆるやかに衰えていく。引退後、4歳秋と5歳秋では、走りも全体成績も、確実にパフォーマンスが落ちている、となるタイプだ。

僕は、決めていたのだ。

4歳シーズンは、ピーク。国内は、ほぼ全部買う。

5歳シーズンは、衰えの時節。国内も国外も、ほぼ全部買わない、と。

第1章で触れたが、2023年の日経賞ではボッケリーニの単複を買った。衰えの時節に入るタイトルホルダーが不良馬場の中を、大逃げ。前年とは違い。8馬身差の圧勝劇を演じていた。

観衆は思ったはずだ。

むしろ昨年より強かったと。

だが、僕は違う見立てだった。「次で、判明する」。そう思った。

衰えがまだ、成績・着順として表面化していないうえに、次は「逃げ馬の１番人気」でもある。天皇賞・春は「やらかす」可能性があるなと思っていた。

衰え始めている馬には、いくつかの特徴がある。

その中のひとつに、特に重要なセオリーがある。

それは、先に書いた「GⅡなら、変わらず強く見える」というもの。

それこそが、日経賞８馬身差の圧勝だったのだ。

本書の校了は、２０２３年、９月下旬。

発売日は、２０２３年、10月20日頃だ。

この秋、タイトルホルダーの秋の成績はどうなっているだろうか。

わからない。

GⅡのオールカマーなら、勝てているかもしれない。

だが、オールカマーは、僕は違う馬を買う予定でいる。

適性抜群の有馬記念が大目標となりそうだが、そこでも僕は違う馬を買う予定だ。

タイトルホルダーが好きなだけに、「この時節」では単複は買いたくない。

４歳で最高の成績を残すと思い、それに見事に応えてくれた「馬券の相棒」であるこの馬を、今買うのは、むしろ失礼だと感じるからだ。

逃げ馬──。

この概念に話を戻せば、広尾クラブのスーパーホース〝令和のツインターボ〟ことパンサラッサもドバイWCでは簡単につぶされた。

パンサラッサは、ツインターボより何倍も強く、華もある。

だが、どんなに強い馬でも必ず負ける。

特に逃げ馬は大きく負ける。

競馬は同じことを繰り返している。

誰も、そう簡単にサイレンススズカにはなれないのだ。彼は特別性だ。

競馬は同じことを繰り返している。

止まらない、最強妄想。

終わることのない、共同幻想。

それらが空回りする世界で。

●2023年　ヴィクトリアマイル　スターズオンアース
復活した馬、していない馬

ヴィクトリアマイルは、4歳の王道型を買うのがセオリー。

ブエナビスタは、4歳で快勝。

アパパネも、4歳で快勝。

ブエナビスタとアパパネなら、さすがにブナビスタのほうが強いが、三冠ロードを戦い切り、牝馬ともGIで戦い切って、衰え始めた5歳ブナビスタになら、4歳アパパネが勝ってしまう。

●2023年5月14日・東京11RヴィクトリアM(GⅠ、芝2400m)

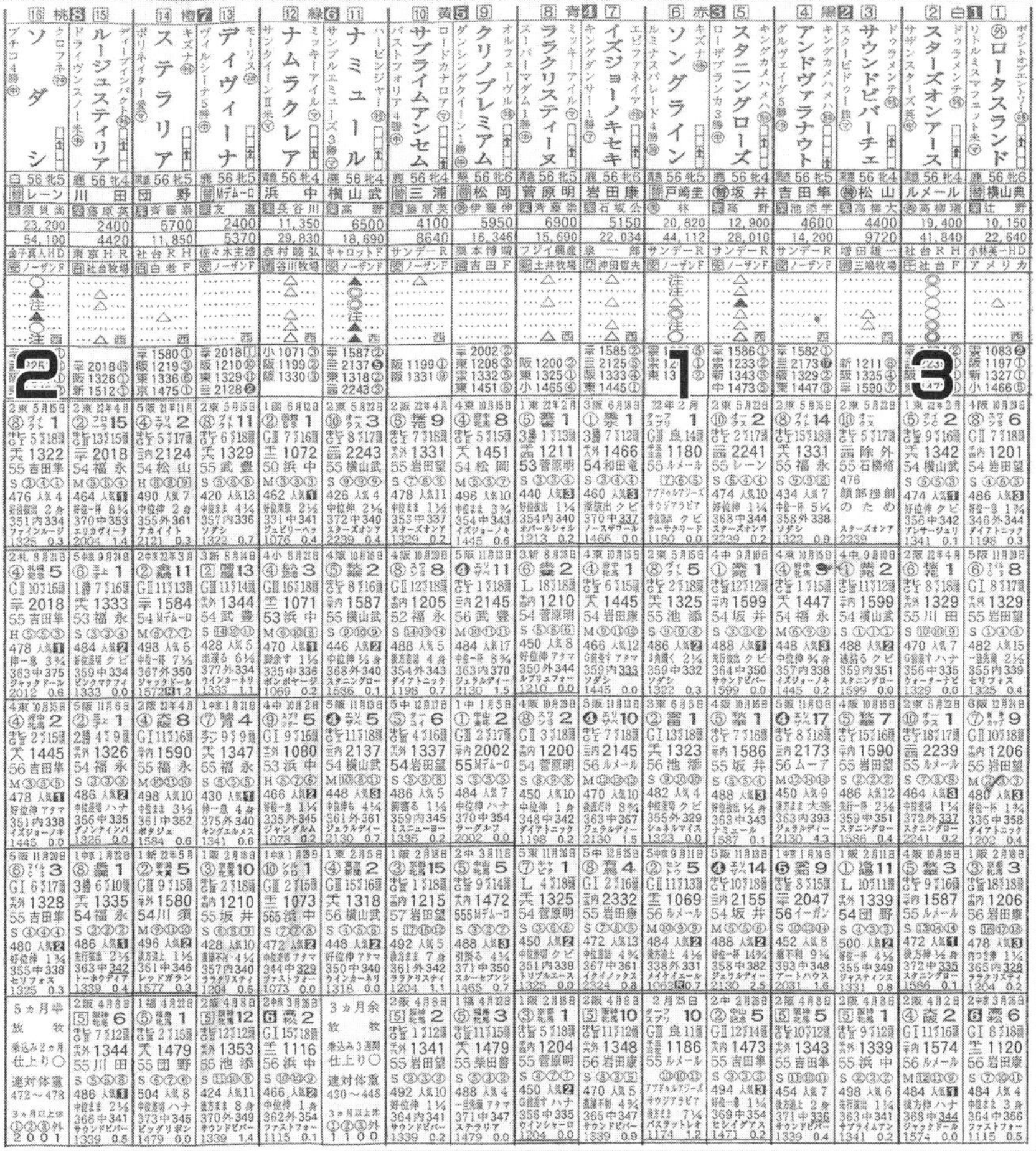

1着⑥ソングライン　　単⑥ 760円

（4番人気）　　複⑥ 200円　⑯ 170円　② 120円

2着⑯ソダシ　　馬連⑥―⑯ 1960円

（3番人気）　　3連複②⑥⑯ 1720円

3着②スターズオンアース　　3連単⑥→②→⑯ 12830円

（1番人気）

それほどまでに、4歳というのは偉大な時節なのだ。

ただし。2歳～3歳春までにGIを、勝ち負けしていたような『王道型』にとっては。

つまり。

しかし。

2023年は、4歳になった二冠牝馬、スターズオンアースが絶対的な主役だった。

問題点があった。

骨折や屈腱炎を経験した馬は、「レース中で一度先頭に立つような闘志を見せなければ復活とは言えない」。なぜなら「治っていても、馬は、治っているかどうかの判断をできない。だから、もう先頭に立っても大丈夫なんだなという仕草が重要。直線の伸び脚では、怪我の復活を測ることはできない」。

このセオリーに引っかかっていた。

スターズオンアースは、骨折後、秋華賞を鬼脚で取りこぼして、3着。大阪杯では鬼脚で取りこぼして2着。先頭に立ってはいないからだ。

この2戦。

世論は、このように言っていた。

「阪神の内回りだから差し切れなかった」

ルメールもそう言っていた。

基本、騎手のコメントより自分の目を信じる僕は、凄く疑っていた。

馬が、「先頭に立ちたがっていない」のではと。

大阪杯は牡馬相手の中距離ＧⅠだ。

そこで2着。

牝馬限定Ｇ１のヴィクトリアマイルなんて、本来なら「ただもらい」の存在ではある。

レースでは、スターズオンアースが、スタートを決めた。

マイルで、これは重要だった。

馬群の、インの、前々で、追走もかなり完璧にできていた。

しかし。

5歳のソングラインとソダシに完敗で、３着。

年齢のことを言えば、この2頭（シングラインとソダシ）は「根がマイラー」なので、長持ちする。

『王道型』の中でもマイラーは話が別物。

そういう意味では、４歳馬が5歳馬に負けても、それほど不思議ではない。

しかし。

圧倒的なはずの二冠馬が、４歳の身で負けた。こういう事実は残る。

なぜか。

スターズオンアースは、精神面が、ケガから復活していないのだ、今も。

ルメールのコメントは、今度は「マイル適性の差」。

乗っていると、そう感じてしまうのだろう。

僕の見解は違う。

馬が「先頭に立ちたくない」と言っているかのような走りをしている。

怪我から復活していない。

これが結論だ。

複勝は120円。

単勝1：5複勝という比率。つまり、きれいに引き分け。

スターズオンアースを間違えて買ってしまったわけだが、なんとか3着にさえなってくれれば、馬券上は痛くもかゆくもない。

こういう「引き分け」が馬券では大事。

引き分けがあれば、少々の見解のミスは許されるということでもある。

単勝1番人気の馬の単複で、楽しいか？

それで3着に負けたりなんかして、楽しいか？

そう言われることもある。

だが、よく見つめ直してみること。

馬券は年間トータル、半年トータルで見よう。

1年間馬券を買っていて、無謀な馬券でかすりもしない、しかも〝大振り〟の馬券をバラバラ買って外すより、堅実だという事実を。

●2023年　安田記念　セリフォス

失態を取り返すということ

２０２２年、秋。

本島史上に残る「失敗のマイルＣＳ」があった。

3歳馬、セリフォスを買えなかったのだ。

セオリー的にドンピシャはセリフォスだった。

だが、ビビッて、シュネルマイスターに流れた。

シュネルマイスターもセオリー的に合っていて、マイルＧＩで待ってはいたが。

しかしだ。

マイルCSというのは、同じ右回りのＧＩ、朝日杯FSか皐月賞で連対したことがある馬が有利だ。

このセオリーは「効く」。

しかも。

何度か話しているように、セリフォスは、２０２１年の富士Ｓで自信を持って（信頼のソウルラッシュをワイドに回してまで）単複を買った馬。

つまり、前哨戦で勝って、強さも再認識していたのだ。

しかし、ビビッた。

絶対に通用するはずのセリフォスは、富士Ｓを勝ってはいたが、3歳馬ということもあって「やや別路線」があった。そこにビビった。

アホか。

●2023年6月4日・東京11R安田記念（ＧⅠ、芝1600m）

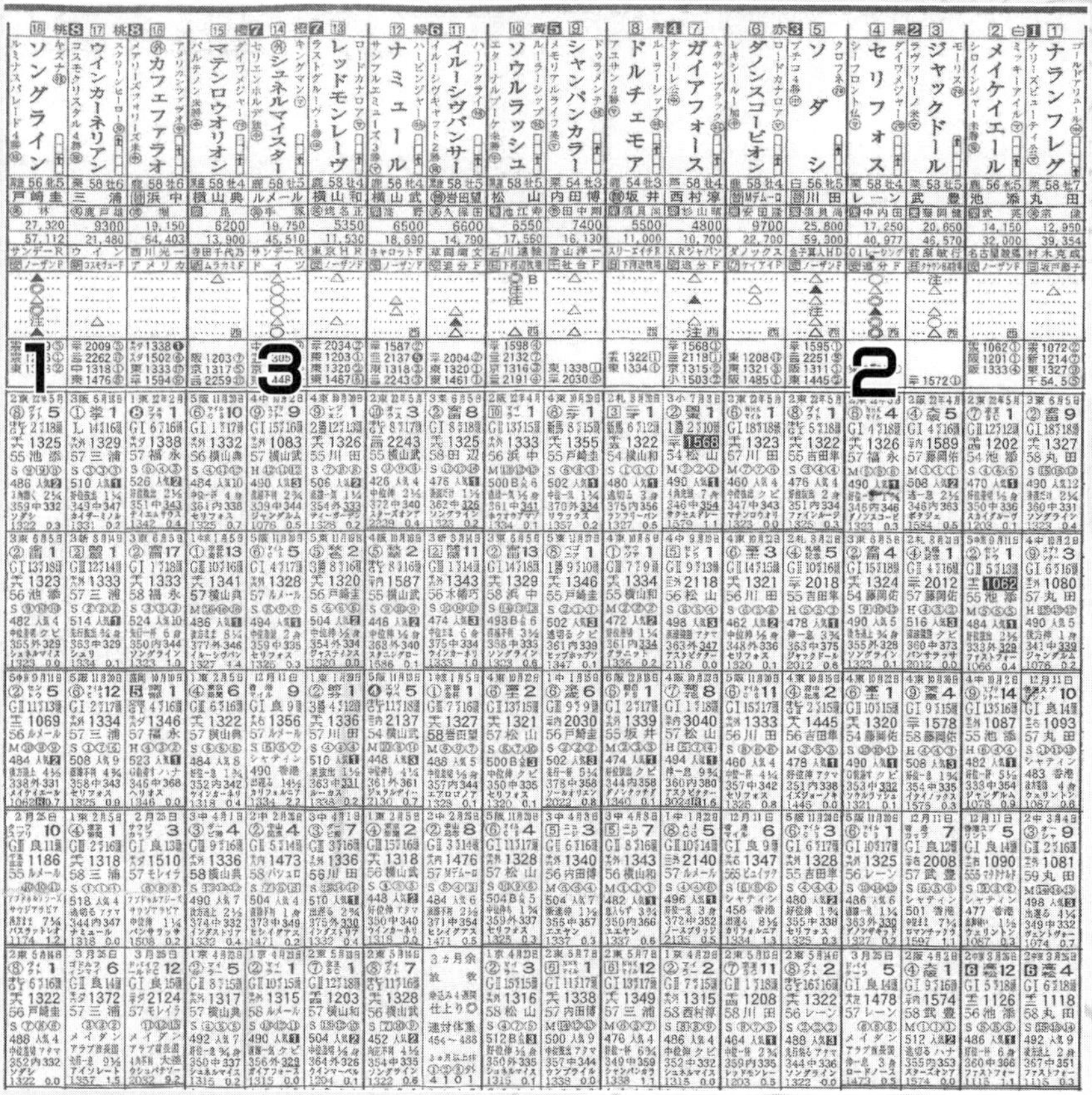

馬番	馬名	斤量・性齢	騎手	賞金	総賞金	馬主	生産者
1	ナランフレグ	栗 58 牡7	丸田	12,950	39,354	村木克成	坂戸節子
2	メイケイエール	鹿 56 牝5	池添	14,150	32,000	名古屋競馬	ノーザンF
3	ジャックドール	栗 58 牡5	武豊	20,650	46,570	前原敏行	クラウン日高牧場
4	セリフォス	栗 58 牡4	レーン	17,250	40,977	ＤＩレーシング	追分F
5	ソダシ	白 56 牝5	川田	25,800	59,300	金子真人HD	ノーザンF
6	ダノンスコーピオン	鹿 58 牡4	Mデムーロ	9700	22,700	ダノックス	ケイアイF
7	ガイアフォース	芦 58 牡4	西村淳	4800	10,700	KRジャパン	追分F
8	ドルチェモア	鹿 54 牡3	坂井	5500	11,000	スリーエイチR	下河辺牧場
9	シャンパンカラー	栗 54 牡3	内田博	7400	16,130	青山洋一	社台F
10	ソウルラッシュ	栗 58 牡5	松山	6550	17,560	石川達絵	下河辺牧場
11	イルーシヴパンサー	黒鹿 58 牡5	岩田望	6600	14,790	窪田康志	追分F
12	ナミュール	鹿 56 牝4	横山武	6500	18,690	キャロットF	ノーザンF
13	レッドモンレーヴ	鹿 58 牡4	横山和	5350	11,530	東京HR	ノーザンF
14	シュネルマイスター	鹿 58 牡5	ルメール	19,750	45,510	サンデーR	ドイツ
15	マテンロウオリオン	黒鹿 58 牡4	横山典	6200	13,900	寺田千代乃	ムラカミF
16	カフェファラオ	栗 58 牡6	浜中	19,150	64,403	西川光一	アメリカ
17	ウインカーネリアン	栗 58 牡6	三浦	9300	21,480	ウイン	コスモヴューF
18	ソングライン	鹿 56 牝5	戸崎圭	27,320	57,112	サンデーR	ノーザンF

1着⑱ソングライン

（4番人気）

2着④セリフォス

（3番人気）

3着⑭シュネルマイスター

（1番人気）

単⑱ 740円

複⑱ 220円 ④ 210円 ⑭ 160円

馬連④－⑱ 1890円

3連複④⑭⑱ 2290円

3連単⑱→④→⑭ 14510円

そう思う。

セオリー通りに、慎重に。

そして、慎重に見てセオリー通りなら、攻めろ。

攻めなきゃ勝てない。何事も。

そして、半年後。

2023年、安田記念だ。

今度もまた、安田記念のセオリー通りだ。

『ドバイ帰り』や『中距離GIから参戦』。

安田記念は、これが強い。

1800mの海外GI、ドバイターフからの転戦となる。今回も、セリフォスは超有力。

しかし、惑わせる。

この馬、妙に「断然人気にはならない」のだ。

3番人気だ。

そしてまた、1番人気はシュネルマイスター。

このように、競馬とは、毎週、毎週「この馬で違いない」と思う馬が、人気にならず、ふと人気を見てしまうと「何か間違っているかな」という気持ちになる。

これ、俺、何か間違っているかな、見落としているかな……という気持ちとの戦いだ。

普段、あまり人気を見ない僕ですらも、そうだ。

世論vs俺。

これなのだ。

今回は、ちゃんとセリフォスを貫いて、単複。

レースは、レーンがスタートから、キッチリ出していき、インの好位で競馬ができた。

直線も前をこじ開けて、抜け出して、「勝ったかな」という感じ。

外からソングラインの強襲に合い、2着。

複勝210円。

自分を信じなさい。

セリフォスは、ダイワメジャー産駒の牡馬の最高傑作だと思っているのだから。

●2023年　マーメイドS　ビッグリボン

牡を相手に勝ち切る牝馬の条件

牡馬とのレース。

それも、牡馬と対戦する重賞レース。

ここで勝ち切る牝馬とは、どんな牝馬だろうか。

アーモンドアイは別モノ。

クロノジェネシスも別モノ。

ジェンティルドンナも、ブエナビスタも別モノ。

昔だと、ウオッカ、エアグルーヴも別モノ。

近年は別モノが多いね。

怪物牝馬が増えた。

牝馬相手に中距離G1を総ナメにする牝馬は、昔はそうそう、いなかった。

ただ、こんなに牝馬が強い時代でも、やはり牡馬と戦う牝馬というのは、その怪物牝馬たち以外にとっては大変なものだ。

クタナ。

これは苦戦している。

そして、実はこういう馬のほうが牝馬らしいのだ。

では、どんな条件が揃っていれば、牡馬と重賞で台頭に戦えるか。

気性。

まずはこれだ。

昔、エアグルーヴに勝つほどの力を持つメジロドーベルが、牡馬混合GIだと大敗、エアグルーヴだけ上位へ、という現象が話題になった。

これは精神面の差。

エアグルーヴは男勝りで、メジロドーベルは、女子。いつも〝ジョシジョシ〟していた。

この辺りは、もう、みんな知っている。

もうひとつ。

●2023年６月18日・阪神11Ｒマーメイド S（GⅢ、芝2000m）

13 桃8	12	11 橙7	10	9 緑6	8	7 黄5	6	5 青4	4	赤3	黒2	白1
ドゥラメンテ(特)	ドゥラメンテ(特)	キズナ(特)	サトノアラジン(芦)	リオンディーズ(芦)	ゴールドシップ(特)	エピファネイア(特)	エピファネイア(特)	ロードカナロア(マ)	ルーラーシップ(特)	ハービンジャー(特)	ミッキーアイル(マ)	キズナ(特)
ゴールドエクリプス	サンカルパ	ピジン	ハギノメーテル	ストーリア	ウインマイティー	ランスオブアース	タガノフィナーレ	ホウオウエミーズ	ビッグリボン	ヒヅルジョウ	シャーレイポピー	シンシアウィッシュ
ゴールドグローリー 1勝(マ)	ハイドバウンド 亜(短)	ザフラッツ 米(中)	ハギノナトゥーラ 2勝(短)	フェリス 未勝(中)	アオバコリン 公(中)	マイスクエアワン 未勝(マ)	タガノミューチャン 4勝(中)	エミーズスマイル 公(中)	ブリッツフィナーレ 未出(中)	サンデージョウ 2勝(短)	オリエンタルポピー 未勝(マ)	ザナ 未勝(マ)
栗 51 牝4	黒鹿 51 牝4	黒鹿 53 牝4	黒鹿 50 牝4	鹿 54 牝4	芦 56 牝6	青鹿 51 牝5	黒鹿 50 牝4	鹿 54 牝6	鹿 55 牝5	鹿 50 牝4	鹿 53 牝5	青鹿 51 牝4
西塚	菱田	酒井	今村	坂井	和田竜	泉谷	田中健	団野	西村淳	松若	藤岡康	角田河
大久保龍	田中博	武英	寺島	杉山晴	西園正	本田	中村	池上和	中内田	岡田	石坂公	吉村
1500	1500	2400	1500	2250	4000	1500	1500	3600	3200	1500	2400	1500
3600	4160	5606	3048	6290	12,510	5800	3360	10,205	7710	3388	6770	6834
居城寿与	シルクR	菅藤孝雄	日隈良江	ロードHC	ウイン	五影隆則	八木良司	小笹芳央	石川達絵	河内孝夫	キャロットF	前田幸大
北勝F	ノーザンF	飛野牧場	ノースヒルズ	宮内牧場	コスモヴューF	フジワラF	新冠タガノF	社台F	下河辺牧場	中地康弘	ノーザンF	ノースヒルズ
△ △ △ △ ▲ △	△ 注 △ 東	△ △	B △	注 ▲ ○ 注 ◎ ▲	▲ B ◎ ▲ ▲ ○	△	△	◎ △ △ 注 東	○ ○ ◎ ○ ◎	△ △ △	初 B △ △ △	△ 注 注 ◎ ○ △
京1464① 阪2033❻	東1356⑥ 中1466① 中2006③	阪1352⑤ 小1486④ 阪2033④ 阪2124②	1093⑩ 1221① 東2010⑨ ダ1523①	新1351③ 阪1464② 阪1590⑧	京1351⑦ [illegible]⑧ 阪[illegible]① 阪[illegible]⑭	ダ1453❶ 阪1485⑬ 京1594④ ダ2117⑤	東1340① 福1477⑪ 小1598⑨ 2384⑯	1343⑥ 中[illegible]② 阪[illegible]⑯ 阪[illegible]❼	福14[illegible]9② 阪15[illegible]3③ 中21[illegible]9⑥	東1473⑦ 東1594⑧ 阪2125③	阪1335⑦ 小1463⑦ 中1586④ 1219⑥	東1343④ 東1472⑤ 東1592①
1小 1月22日 ④ 四上 1 1勝 15ト16頭 外1485 55荻野琢 H③③② 486 人気4 先行抜出 アタマ 362中368 ゴルトシュミー 1485 0.0	5中 12月17日 ⑤ 三上 4 2勝 11ト15頭 内1480 54ルメール M⑨⑧⑤ 482 人気1 中位伸も ¾身 373外347 グランディア 1479 0.1	6阪 12月24日 ⑦ 8 3勝 13ト16頭 ダ1544 52富田 M②②② 468 人気8 先行一杯 13¾ 376中403 プロミストウォ 1520 2.4	6中京 12月18日 ⑥ 10 2勝 7ト16頭 1093 51今村 H⑦⑨⑨ 482 人気13 中位一杯 5身 345中348 アビエルト 1085 0.8	6阪 12月4日 ② 2 3勝 7ト12頭 外1464 53岩田望 S⑦⑦⑦ 490 人気2 中位伸 ¾身 361中333 ドーブネ 1463 0.1	5阪 11月13日 ❹ エリザベス 16 牝GⅠ 17ト18頭 内2158 56和田竜 M③③② 494B 7 好位一杯 16½ 357中388 ジェラルディー 2130 2.8	1中京 1月21日 ⑦ 11 牝3勝 6ト15頭 ダ1555 56武豊 S④⑤⑥ 486 人気6 好位一杯 6¾ 381中390 アーテルアスト 1544 1.1	4阪 10月16日 ⑤ 15 牝GⅠ 3ト16頭 内1599 55鮫島駿 S⑥⑤⑦ 484 人気15 中位一杯 8身 364中355 スタニングロー 1586 1.3	4新 10月23日 ④ 新潟牝馬 1 牝オープン 6ト14頭 内2145 54西村淳 S⑧⑦⑤ 448 人気8 中位差切 ¾身 365中347 ホウオウイクセ 2146 0.1	2中 22年3月 ④ 6 3勝 9ト16頭 外2129 54川田 H⑨⑧⑤ 496 人気1 1角不利 2½ 378中358 キングオブドラ 2124 0.5	5中京 9月18日 ④ ローズS 8 牝GⅡ 12ト14頭 1594 54菱田 S⑥⑥⑥ 482 人気9 中位まま 5¾ 365中348 アートハウス 1585 0.9	5中 12月17日 ⑤ ターコイ 11 牝GⅢ 7ト16頭 外1341 53横山武 S⑨⑪⑪ 438 人気9 中位まま 3½ 361中345 ミスニューヨー 1335 0.6	4東 10月23日 ⑦ 2 牝2勝 5ト9頭 2004 53Mデムーロ S②①① 450 人気2 3角先頭 1¾ 376内340 ルージュエヴァ 2001 0.3
2阪 3月26日 ❷ 四国新聞 6 牝2勝 10ト10頭 内2033 56藤岡佑 S③③③ 494 人気3 好位一杯 5¾ 372中369 ジュリアバロー 2023 1.0	1中 1月7日 ② 四上 4 牝2勝 4ト11頭 内1475 55ムルザバエフ M②①① 494 人気2 引掛る 1½ 361内360 トーセンメラニ 1472 0.3	1中京 1月14日 ❺ 愛知 7 牝GⅢ 4ト15頭 2044 50酒井 S⑤⑥⑤ 464 人気13 折合欠 7¾ 387中350 アートハウス 2031 1.3	1福 4月8日 ① 四上 8 障害未勝 7ト11頭 3187 57森一 ⑩⑩⑨⑨ 468 人気7 飛越拙 大差 14.45-451 トライフォーリ 3018 16.9	1東 2月12日 ⑥ 10 牝3勝 15ト15頭 1471 55バシュロ S⑪⑪⑫ 488 人気2 後直だけ 2¾ 375外341 コスタボニータ 1466 0.5	5中 12月25日 ⑧ 有馬 6 GⅠ 8ト16頭 内2335 55和田竜 S⑩⑪⑫ 484B 15 中位まま 6½ 372内362 イクイノックス 2324 1.1	1中京 2月5日 ⑫ 12 3勝 8ト14頭 ダ2017 56松山 M⑥④③ 488 人気7 好位一杯 9¾ 370中397 メイショウユズ 2000 1.7	5中 12月24日 ⑦ グレイト 16 3勝 16ト16頭 内2384 51吉田豊 S①④⑫ 508 人気11 逃バテ 大差 354内408 シルブロン 2338 4.6	5阪 11月13日 ❹ エリザベス 7 牝GⅠ 6ト18頭 内2142 56丸田 M⑮⑭⑮ 444 人気18 後方差詰 7身 363外362 ジェラルディー 2130 1.2	6阪 12月25日 ⑧ サンタク 1 3勝 2ト13頭 内2002 55イーガン S③⑤⑥ 512 人気1 G前差す ハナ 375内352 アナゴサン 2002 0.0	1中京 1月7日 ② 10 2勝 7ト14頭 2137 55菱田 S③③③ 478 人気8 好位一杯 4¾ 358中354 チャックネイト 2129 0.8	1中京 1月5日 ① 京都金杯 11 GⅢ 15ト16頭 1336 53富田 M⑨⑫⑬ 442 人気16 後方まま 5½ 359外348 イルーシヴパン 1327 0.9	2小 2月12日 ② 14 牝2勝 1ト16頭 1505 55浜中 S⑮⑬⑭ 448 人気1 折合欠 6身 398中347 ヒヅルジョウ 1495 1.0
1京 4月30日 ④ 2 牝2勝 4ト9頭 外1473 56ルメール S④⑤④ 486 人気4 中位伸 アタマ 358中344 シンシアウィッ 1473 0.0	2中 3月12日 ⑥ 1 牝2勝 2ト14頭 内1483 56ルメール S③②② 488 人気1 好位抜出 ¾身 377内343 ロジレット 1484 0.1	1阪 2月26日 ⑥ 4 3勝 5ト13頭 内3069 53池添 S①①① 464 人気7 逃一息 1身 361内356 ゼーゲン 3067 0.2	1京 4月22日 ① 四上 10 牝2勝 13ト14頭 ダ1562 56小崎 M③②② 476B 12 先行一杯 14身 373中417 セレッソ 1537 2.5	2中 3月11日 ⑤ 中山牝馬 2 牝GⅢ 12ト14頭 内1467 52横山武 S⑦③③ 490 人気6 先行伸 1¼ 374中344 スルーセブンシ 1465 0.2	1阪 2月12日 ② 京都記念 6 GⅡ 3ト13頭 内2120 55和田竜 M⑦⑤⑧ 482B 7 中位まま 6½ 353外352 ドウデュース 2109 1.1	2東 4月29日 ③ 5 3勝 8ト16頭 ダ2117 56松山 M⑧⑩⑫ 494 人気14 内々回る 8身 376内384 テンカハル 2103 1.4	1中 1月21日 ⑦ 6 3勝 12ト14頭 内2018 52吉田豊 S②③③ 502 人気11 内々回る 5¼ 375内363 スルーセブンシ 2010 0.8	2小 2月19日 ❹ 小倉大賞 5 GⅢ 13ト16頭 1503 54丸田 M⑪⑨⑧ 454 人気4 後方追上 3½ 392外360 ヒンドゥタイム 1497 0.6	1小 2月5日 ⑧ 3 オープン 12ト15頭 1584 55西村淳 H⑦③② 502 人気2 好位伸 3身 361中357 ディープモンス 1579 0.5	2小 2月12日 ② 1 牝2勝 11ト16頭 1495 55菱田 S①①① 476 人気2 逃切る 1¼ 382内348 イザニコス 1497 0.2	2中 3月11日 ⑤ 中山牝馬 10 牝GⅢ 6ト14頭 内1476 53戸崎圭 S②⑤⑤ 438 人気10 好位一杯 6¾ 369中352 スルーセブンシ 1465 1.1	2中 3月12日 ⑥ 4 牝2勝 10ト14頭 内1486 56横山武 S⑦⑧⑧ 446 人気2 出遅る 2身 382中342 サンカルパ 1483 0.3
1京 5月21日 ⑩ 1 2勝 8ト12頭 外1464 54岩田望 S⑤④③ 490 人気1 好位抜出 1¾ 362中332 ルージュメサー 1466 0.2	3ヵ月余 放牧 乗込み3週間 仕上り○ 連対体重 474～488 3ヵ月以上休 ①②③外 0 0 0 3	3中 4月16日 ❽ サンシャ 1 3勝 13ト14頭 内2362 54藤岡佑 H②②② 466 人気7 先行抜出 クビ 377中379 ホウオウエクレ 2362 0.0	2東 5月20日 ⑨ 1 2勝 8ト9頭 1221 56藤懸 S①①① 464B 9 逃切る アタマ 359中343 ヴィアドロロー 1221 0.0	1福 4月22日 ⑤ 福島牝馬 5 牝GⅢ 13ト15頭 1482 55横山武 S⑨②② 490 人気1 マクるも 1½ 375中352 ステラリア 1479 0.3	4ヵ月余 転厩放牧 乗込み4週間 仕上り○ 連対体重 458～484 3ヵ月以上休 ①②③外 0 0 1 5	1京 5月20日 ⑨ シドニー 4 牝3勝 3ト11頭 内1594 56幸 S⑦⑥⑥ 494 人気11 中位差詰 2¾ 377内349 ローゼライト 1589 0.5	5ヵ月休 放牧 乗込み2週間 仕上り○ 連対体重 478～490 3ヵ月以上休 ①②③外 1 0 0 1	1福 4月22日 ⑤ 福島牝馬 12 牝GⅢ 10ト15頭 1485 55菱田 S⑬⑬⑭ 452 人気7 後方まま 3身 379外347 ステラリア 1479 0.6	1福 4月22日 ⑤ 福島牝馬 2 牝GⅢ 9ト15頭 1479 55西村淳 S⑩⑦⑥ 500 人気2 漸進伸 ハナ 378中345 ステラリア 1479 0.0	1京 5月20日 ⑨ シドニー 7 牝3勝 9ト11頭 内1598 56国分恭 S①①① 492 人気2 逃一杯 5身 369内358 ローゼライト 1589 0.9	3ヵ月余 放牧 乗込み4週間 仕上り○ 連対体重 424～438 3ヵ月以上休 ①②③外 1 1 0 1	1京 4月30日 ④ 1 牝2勝 8ト9頭 外1473 56川田 S⑤③② 452 人気1 漸抜出 アタマ 362中345 ゴールドエクリ 1473 0.0

1着④ビッグリボン（1番人気）
2着⑧ウインマイティー（3番人気）
3着⑤ホウオウエミーズ（10番人気）

単④ 370 円
複④ 150 円 ⑧ 200 円 ⑤ 460 円
馬連④－⑧ 1000 円
3連複④⑤⑧ 7770 円
3連単④→⑧→⑤ 27910 円

大事な要素がある。

体重だ。

精神面が大丈夫だとして、牡馬とレースでぶつかり合うような競馬をする時に、体重がある程度は大きくないと、物理的にパワー負けする。

このビッグリボンは、ルーラーシップ産駒。

菊花賞馬、キセキの全妹。

その名の通り「ビッグ」で500キロほど。

めっちゃくちゃ強いわけでないが、才能のある馬。

だから、関門橋S（3着）あたりなら、牡馬とも戦える。

そんな姿を見て、いつか買ってみようと待っていた1頭。

マーメイドSは牝馬限定戦でラクだし、パワーも馬格もあるから急坂のある阪神はむしろいいかなと思っての単複だった。

レースでは、西村騎手が、馬群の中で離されないように乗ってくれた。

何度も書きたい。

今、JRAでデキる若手は、3人。

坂井瑠。西村。菱田。

菅原明良騎手もけっこう〝使える男〟だが、「上手い」という感じはしない。

単にけっこう結果が出ている、という印象。差しに固執しすぎたかのような騎乗も多い。

西村騎手は、位置を取りに行ける。

閉じ込められて、ピンチの際にもけっこう、こじ開けてくる。

追い方もいい。

西村騎手の場合、関西の騎手の決まり事「左回り」と「東京」でどうか、だが、それもダイヤモンドSを見る限り、それほど問題なさそうなのがいい。もちろん、東京のGⅠだとまだ厳しいが。

このレースも、想像以上に〝流れた〟。

ややハイペースに。

中団追走から、上手く馬群を捌きながら進出して、切れ味比べが苦手なルーラーシップ産駒をしっかり鼓舞しながら追って、1着に導いてくれた。

●2023年　江の島S　ドゥラドーレス
騎乗ミスの馬はこう買う

ドゥラドーレス。

この馬の3歳時について、どんな印象を持つか。

下手騎乗の、毎日杯。

2勝クラス勝ちから、直行でぶつけた菊花賞。

下手な騎乗とダメなローテで、つぶされた3歳時。

●2023年６月24日・東京11Ｒ江の島Ｓ（３勝クラス、芝2000m）

枠・馬番	馬名	血統	毛色・斤量・性齢	騎手	厩舎	賞金	馬主	生産者	予想印	持ち時計
白1 ①	リフレーミング	キングヘイロー㊙ / ヒーリング公㊦	黒鹿 58 牡5	替田辺	鮫島	1500 / 6768	栗山学	橋本牧場	△ … △ … ◎ ▲ 西	[illegible]
黒2 ②	ファユエン	ヴァンセンヌ㊦ / サクラパピルス未勝㊞	鹿 56 牝5	替木幡巧	勢司	1500 / 3688	谷岡毅	谷岡S	…	東1357④ 阪1467⑦ 東1587① 2259⑥
赤3 ③	ドゥラドーレス	ドゥラメンテ㊙ / ロカ1勝㊥	鹿 58 牡4	替ルメール	宮田	1500 / 6920	吉田勝己	ノーザンF	○ 注 ○ ○ ○ ◎	[illegible]
赤3 ④	ホウオウエクレール	ブラックタイド㊥ / タマヒカル1勝㊥	鹿 58 牡6	替秋山稔	宮	1500 / 9571	小笹芳央	岡田S	△ △ △ ▲ … △ 西	2262④ 2362❷ 小1587⑩ 阪2118⑥
青4 ⑤	ロジハービン	ハービンジャー㊙ / ファーストチェア未勝㊥	鹿 58 牡4	Mデムーロ	国枝	1200 / 2390	久米田正明	村田牧場	△ △ … 注 △ △	中2011⑦
青4 ⑥	ホウオウリアリティ	モーリス㊆ / キョウエイトルース3勝㊦	栗 58 牡5	替大野	高木	1500 / 5435	小笹芳央	岡田S	◎ … … △ △ △	2263⑤ 札1478③ 2001⑫ 中2142①
黄5 ⑦	デコラシオン	ロードカナロア㊦ / ダリシア独㊥	鹿 58 牡4	替戸崎圭	高木	1500 / 4241	社台RH	社台F	△B ▲ ▲ △ 注 注	東1337⑦ 新1450⑤ 中2008①
黄5 ⑧	スパイラルノヴァ	キズナ㊙ / アップワードスパイラル英㊦	黒鹿 58 牡5	替内田博	藤岡健	1500 / 6350	フクキタル	パカパカF	▲ △ 注 … △ △ 西	阪1340⑧ 東1455⑥ 中2008⑥ 阪2134⑥
緑6 ⑨	ウインリブルマン	エピファネイア㊙ / ウインリバティ5勝㊥	栗 58 牡5	替松岡	飯田雄	1500 / 5950	ウイン	コスモヴューF	… … … △ … 西	阪1374[5] 阪1458② 小1583⑦ 2151①
緑6 ⑩	㊞フジマサインパクト	ディープインパクト㊙ / ベイトゥベイ米㊦	鹿 58 牡5	田中勝	菊川	1330 / 4382	藤原正一	社台F	B … … … … …	東ダ1388④ 東1543⑮ 中2048⑯ ダ2102❹
橙7 ⑪	トーセンメラニー	ヴィクトワールピサ㊙ / エラドゥーラ2勝㊞	黒鹿 56 牝5	原	小桧山	1500 / 5440	島川隆哉	エスティF	… … △ … … …	東1336① 東1461② 新1592⑥
橙7 ⑫	エンドウノハナ	トーセンラー㊥ / ヌングロース未勝㊥	栗 58 牡4	替石橋脩	四位	1500 / 4091	瀬谷隆雄	ディアレストC	△ ◎ △ … △ ○ 西	2262⑤ 阪1483⑤ 阪2030④ 2124①
桃8 ⑬	チャックネイト	ハーツクライ㊙ / ゴジップガール米㊥	鹿 58 騸5	替三浦	堀	1500 / 4701	金子真人HD	社台F	注B ○ ◎ ◎ ▲ △	[illegible]
桃8 ⑭	ボーンジーニアス	ナカヤマフェスタ㊙ / キズナII愛㊥	鹿 58 牡5	替柴田善	小西	1500 / 4184	和泉憲一	北洋牧場	初 B … △ … …	2255⑥ 2341❷ 新2030[2] 新2143①

馬番	前走4	前走3	前走2	前走1
①	6阪 12月25日 ⑧サンタク 5 3勝 5ト13頭 2005 57藤岡康 S ⑪⑪⑪ 478 人気3 後方追上 2身 389外346 ビッグリボン 2002 0.3	2阪 3月26日 ❷ 15 3勝 4ト18頭 外2311 58今村 S ⑬⑰⑱ 468 人気6 後方まま 8½ 394外359 ゼッフィーロ 2296 1.5	2東 4月29日 ③ 4 3勝 9ト11頭 1583 58大野 S ⑩⑩⑩ 468 人気8 後方追上 3¼ 376中333 レインフロムヘ 1578 0.5	2東 5月13日 ⑦ 7 3勝 11ト17頭 2267 58大野 S [11]⑫⑪ 470 人気8 出遅る 7½ 395中342 カーディナル 2255 1.2
②	6阪 12月4日 ② 7 3勝 5ト12頭 外1467 52角田河 S ⑧⑧⑩ 464 人気10 中位一杯 2¼ 361中332 ドーブネ 1463 0.4	1東 2月4日 ③ 6 3勝 4ト12頭 2259 53北村宏 S ⑤⑥⑥ 470 人気7 中位まま 2¾ 390中342 ククナ 2254 0.5	2中 3月19日 ⑧スピカS 6 3勝 16ト16頭 内1492 56北村宏 H [12]⑫⑫ 474 人気11 中位差詰 3¼ 383中354 ノースザワール 1486 0.6	3中 4月2日 ④ 3勝 7ト12頭 内 除外 56北村宏 472 左前肢跛行のため テーオーシリウ 1597
③	3東 22年6月 ②ホンコン 3 2勝 6ト7頭 2015 54福永 S [4]④④ 498 人気1 中位伸 ¾身 397外330 ピュアブレンド 2013 0.2	2札 8月14日 [2] 1 2勝 1ト13頭 2024 54横山武 S [8]⑦⑦ 494 人気1 中位抜出 2½ 381中351 エルディアブロ 2028 0.4	4阪 10月23日 ⑦菊花 4 GI 11ト18頭 内3034 57横山武 H [12]⑩[9] 490 人気3 中位差詰 5½ 364中372 アスクビクター 3024 R 1.0	8ヵ月休 放牧 乗込み4週間 仕上り○ 連対体重 480～494 3ヵ月以上休 ①②③外 1000
④	1阪 2月26日 ⑥ 3 3勝 7ト13頭 内3068 57戸崎圭 S ②②② 512 人気8 先行伸 ½身 367中354 ゼーゲン 3067 0.1	2阪 3月26日 ❷ 3 3勝 2ト18頭 外2299 58泉谷 S ④④③ 512 人気9 好位伸 1¾ 381中359 ゼッフィーロ 2296 0.3	3中 4月16日 ⑧サンシャ 2 3勝 9ト14頭 内2362 57戸崎圭 H ③③③ 510 人気4 好位伸 クビ 384外367 ビジン 2362 0.0	2東 5月13日 ⑦ 4 3勝 12ト17頭 2262 58戸崎圭 S ②②② 508 人気6 先行一息 4¼ 379中348 カーディナル 2255 0.7
⑤	5中 21年12月 ④ 1 未勝 3ト17頭 内2020 55戸崎圭 S ⑦⑧⑧ 526 人気1 中位差切 ½身 367中351 ディープグラビ 2021 0.1	1中 22年1月 ⑥ 2 GIII 15ト16頭 内2015 56戸崎圭 M ⑬⑥⑤ 528 人気5 一旦先頭 1¼ 374中350 オニャンコポン 2013 0.2	2中 22年3月 ④ 7 GII 11ト11頭 内2011 56Mデムーロ S [11]②③ 528 人気6 追上一杯 3½ 378中357 アスクビクター 2005 0.6	15ヵ月半 トモ不安放牧 乗込み7週間 仕上り○ 連対体重 524～528 3ヵ月以上休 ①②③外 0100
⑥	1中 1月9日 ④ 3 3勝 12ト12頭 外2148 58三浦 S ①①① 480 人気6 逃粘る クビ 376内351 グランオフィシ 2148 0.0	1中 1月21日 [7] 9 3勝 10ト14頭 内2020 57大野 S ④③③ 482 人気5 先行一杯 6¾ 378中366 スルーセブンシ 2010 1.0	2阪 3月26日 ❷ 8 3勝 13ト18頭 外2303 58北村友 S [15]⑯⑰ 480 人気11 出遅る 3¾ 397中354 ゼッフィーロ 2296 0.7	3中 4月16日 ⑧サンシャ 4 3勝 5ト14頭 内2370 57三浦 H ⑤⑤④ 482 人気6 中位伸も 5¼ 395中373 ビジン 2362 0.8
⑦	5中 12月28日 ⑨三才上 1 1勝 11ト18頭 内2008 56坂井 H ⑨⑨⑩ 510B 人気4 中位差切 クビ 360中362 モカフラワー 2008 0.0	2中 2月25日 ① 1 2勝 5ト10頭 内1478 57戸崎圭 S ④④③ 516B 人気3 好位差切 ハナ 373中349 ボーンディスウ 1478 0.0	3中 3月26日 ❷ 4 3勝 12ト16頭 外1376 56横山武 M ⑧⑥④ 514B 人気1 G前鈍る 5¾ 366中373 サーマルウイン 1367 0.9	2東 5月28日 ⑫むらさき 5 3勝 1ト17頭 1455 56坂井 S ⑬⑬⑭ 514B 人気8 後方追上 2½ 365中332 ローシャムパー 1451 0.4
⑧	2中 3月19日 ⑧スピカS 3 3勝 12ト16頭 内1490 58Mデムーロ H ④④④ 488 人気3 好位伸 2¼ 371中364 ノースザワール 1486 0.4	3中 4月2日 ④ 6 3勝 12ト12頭 内2008 58Mデムーロ S ⑧⑥⑥ 486 人気3 中位まま 6身 388外342 テーオーシリウ 1597 1.1	1新 5月14日 ⑥ 8 3勝 12ト13頭 外1465 58角田和 M ⑧⑥[6] 486 人気2 4角不利 3身 361外349 グランスラムア 1459 0.6	2東 5月28日 ⑫むらさき 6 3勝 10ト17頭 1455 56Mデムーロ S ⑥⑦⑦ 482 人気11 脚余す 2¾ 358内338 ローシャムパー 1451 0.4
⑨	3小 7月17日 ⑥ 7 3勝 9ト12頭 1583 57松若 M ③③④ 518 人気3 好位一息 7身 349中360 ルペルカーリア 1570 1.3	4小 8月14日 ② 2 3勝 9ト13頭 1486 54松若 S ③③③ 512 人気4 好位伸 1身 379中344 エスコーラ 1484 0.2	5中京 9月10日 [1]ムーンシラ 3勝 4ト11頭 取消 55松若 左前肢跛行のため レインカルナテ 2119	9ヵ月余 繋靭帯炎放牧 乗込み3週間 仕上り○ 連対体重 488～522 3ヵ月以上休 ①②③外 0102
⑩	5中 12月17日 ⑤ 2 2勝 14ト16頭 ダ2347 57田中勝 S [9]⑨⑧ 436B 人気5 中位伸 5身 395外382 メイプルリッジ 2338 0.9	1中 1月9日 ④ 1 2勝 4ト16頭 ダ2347 58田中勝 M ⑤③③ 438B 人気3 好位抜出 2½ 385内381 ヒミノフラッシ 2351 0.4	2中 3月4日 ③上総S 13 3勝 2ト16頭 ダ1544 55田中勝 S ⑬⑬[13] 442B 人気5 直線不利 15¾ 390内389 ベストリーガー 1518 2.6	2東 5月21日 ⑩ 5 3勝 5ト16頭 ダ2105 55田中勝 H [12]⑩⑩ 434B 人気7 出遅る 6½ 394中377 レッドファーロ 2094 1.1
⑪	5中 12月24日 ⑦クリスマスC 7 2勝 1ト14頭 外1361 55原 S ⑭⑬⑬ 508 人気8 後直だけ 5¼ 376中341 フィールシンパ 1352 0.9	1中 1月7日 ②四才上 1 牝4上2勝 10ト11頭 内1472 54原 M ⑪⑪⑪ 506 人気7 直引一気 1身 378外345 ヒットザシーン 1474 0.2	2中 3月19日 ⑧スピカS 13 3勝 1ト16頭 内1505 56原 H ⑯⑯⑭ 506 人気8 後方まま 11身 398外357 ノースザワール 1486 1.9	3ヵ月余 放牧 乗込み6週間 仕上り○ 連対体重 458～506 3ヵ月以上休 ①②③外 0011
⑫	6中京 12月11日 ④三才上 2 1勝 6ト12頭 2125 55浜中 S ⑨⑧⑦ 462 人気1 中位伸 アタマ 371外345 メイショウブレ 2125 0.0	1中京 1月21日 ⑦四才上 1 1勝 3ト7頭 2124 57川田 M ⑤⑤⑤ 468 人気1 中位一気 7身 359外352 ヴィトーリア 2136 1.2	1阪 3月18日 [11] 1 2勝 4ト12頭 外2391 55川田 S ⑥⑤[15] 466 人気1 中位差切 3½ 382外349 リンフレスカン 2397 0.6	2東 5月13日 ⑦ 5 3勝 9ト17頭 2262 58川田 S ⑦⑧⑨ 468 人気1 中位伸も 4½ 389外339 カーディナル 2255 0.7
⑬	2札 8月20日 [3]札幌日刊 3 2勝 5ト14頭 2448 55ルメール H ⑤②② 478B 人気3 好位粘る 2¾ 390中382 ディナースタ 2444 0.4	1中京 1月7日 ② 1 2勝 10ト14頭 2129 58松山 S ⑤⑤⑤ 490B 人気7 好位抜出 クビ 360中344 レッドバリエン 2129 0.0	1東 2月4日 ③ 3 3勝 2ト12頭 2255 56田辺 S ④④③ 492B 人気2 内つき伸 ½身 383内341 ククナ 2254 0.1	4ヵ月半 放牧 乗込み4週間 仕上り○ 連対体重 476～490 3ヵ月以上休 ①②③外 3020
⑭	2東 22年5月 ⑦ 6 3勝 9ト12頭 2255 57横山和 S ③④④ 462 人気5 好位一息 7½ 373中354 アルビージャ 2243 1.2	3東 22年6月 ③ジューン 5 3勝 3ト15頭 2266 54田辺 S ⑪⑫⑬ 468 人気7 後方差詰 5½ 397内344 ヴェラアズール 2257 0.9	6阪 12月11日 ④オリオン 12 3勝 1ト12頭 内2295 57横山和 M [12]⑫⑫ 468 人気10 異常歩様 大差 390内499 スタッドリー 2131 16.4	2東 5月13日 ⑦ 17 3勝 4ト17頭 2279 58小林凌大 S [15]⑮⑮ 474 人気14 出遅る 15身 400中351 カーディナル 2255 2.4

3 1 2

1着③ドゥラドーレス　　単③ 190円

（1番人気）　　複③ 130円　① 200円　⑬ 190円

2着①リフレーミング　　馬連①－③ 1010円

（4番人気）　　3連複①③⑬ 2160円

3着⑬チャックネイト　　3連単③→①→⑬ 6760円

（3番人気）

こういうイメージ。

まず、毎日杯を「騎乗ミス」と称する人は、間違い。

戸崎騎手はこんな騎乗が山ほどある。

つまり「ミスをした」ではなく「いつもよく見る下手な騎乗」。

ミスをした、というのは、普段はできる人を指して言う言葉だ。

菊花賞へは、オープン特別か、重賞を使って出るのが定石。

2勝クラスか、3勝クラスから、いきなりGⅠへというのは「負けてくださいと言わんばかりのローテーション。要は、大牧場の使い分けなのだろう。

これが新時代？

ぶっつけ含めて？

そうか？

もし、今、ディープインパクトやオルフェーヴルのような、「三冠馬・確実視」の二冠馬が出てきたら、さすがにノーザンだって、日本ダービーから菊花賞へぶっつけはしないと思う。種牡馬価値が上がる「三冠馬」であれば、神戸新聞杯を〝使ってもらえる〟と思う。

秋華賞ならいい。

オークスからぶっつけで。

2000mだからだ。

ただ、菊花賞は、3000mのマラソンGⅠ。

神戸新聞杯かセントライト記念あたりを「使うことが有利になる」。

今は違う？

そうか？

どんな時代だって、これが正解だ。

この江の島Ｓは、単勝１８０円。馬券としてはなんの自慢にもならないかもしれない。

ただ、ドゥラドーレスがやっとまともなローテで、そしてやっとまともな騎乗で、レースに挑めた一戦だったので単複を獲っておいた。

●２０２３年　宝塚記念　イクイノックス
ジョッキーの差を生む原理

人間は、痛いところをズバッと言われると、言われた通りの行動に直すことはしない。

意固地を爆発させて、そのまま突き進もうとする。

直さない。

よく、そこを利用している。

底辺を大きく取らず、入学を狭き門にしたり、騎手の身内ばかり騎手になる、身内主義のＪＲＡの騎手育成システムが「超おかしい」ことなんて、もう15年くらい指摘している。

そして、僕が書いている間に、みんな同じ点を指摘し始めた。

けっこう大きな声になってきた。

●2023年6月25日・阪神11R宝塚記念（ＧⅠ、芝2200m）

枠	馬番	馬名	父	母	斤量・性齢	騎手	調教師	賞金	総賞金	馬主	生産者
白1	1	ライラック	オルフェーヴル	ヴィーヴァブーケ 1勝	56 牝4	Mデムーロ	相沢	4850	10,580	芹澤精一	杵白牧場
白1	2	カラテ	トゥザグローリー	レディーノパンチ 未出	58 牡7	菅原明	辻野	12,200	25,480	小田切光	中地康弘
黒2	3	ダノンザキッド	ジャスタウェイ	エピックラヴ	58 牡5	北村友	安田隆	14,610	43,917	ダノックス	ノーザンF
黒2	4	ボッケリーニ	キングカメハメハ	ポップコーンジャズ 1勝	58 牡7	浜中	池江寿	14,300	35,420	金子真人HD	ノーザンF
赤3	5	イクイノックス	キタサンブラック	シャトーブランシュ 4勝	58 牡4	ルメール	木村	62,240	124,389	シルクR	ノーザンF
赤3	6	スルーセブンシーズ	ドリームジャーニー	マイティースルー 4勝	56 牝5	池添	尾関	4400	10,130	キャロットF	ノーザンF
青4	7	プラダリア	ディープインパクト	シャッセロール 3勝	58 牡4	菱田	池添学	3100	11,940	名古屋友豊	オリエント牧場
青4	8	ヴェラアズール	エイシンフラッシュ	ヴェラブランカ 2勝	58 牡6	松山	渡辺	25,750	54,410	キャロットF	白老F
黄5	9	ジャスティンパレス	ディープインパクト	パレスルーマー 未	58 牡4	鮫島駿	杉山晴	19,350	42,410	三木正浩	ノーザンF
黄5	10	ディープボンド	キズナ	ゼフィランサス 3勝	58 牡6	和田竜	大久保龍	27,600	63,896	前田晋二	村田牧場
緑6	11	ジェラルディーナ	モーリス	ジェンティルドンナ 10勝	56 牝5	武豊	斉藤崇	13,100	39,320	サンデーR	ノーザンF
緑6	12	アスクビクターモア	ディープインパクト	カルティカ	58 牡4	横山武	田村	12,200	30,970	廣崎利洋HD	社台F
橙7	13	ジオグリフ	ドレフォン	アロマティコ 6勝	58 牡4	岩田望	木村	10,300	40,879	サンデーR	ノーザンF
橙7	14	ブレークアップ	ノヴェリスト	リトルジュン 未勝	58 牡5	川田	吉岡	5250	17,390	阿部東亜子	谷川牧場
桃8	15	ユニコーンライオン	ノーネイネヴァー	ムーラフカ	58 牡7	坂井	矢作	9600	23,000	ライオンRH	アイルランド
桃8	16	モズベッロ	ディーププリランテ	ハーランズルビー 未	58 牡7	角田河	森田	8400	23,400	キャピタルS	村田牧場
桃8	17	ドゥラエレーデ	ドゥラメンテ	マルケッサ 未勝	53 牡3	幸	池添学	5210	11,007	スリーエイチR	ノーザンF

1着⑤イクイノックス

（1番人気）

2着⑥スルーセブンシーズ

（10 番人気）

3着⑨ジャスティンパレス

（2番人気）

単⑤ 130 円

複⑤ 110 円　⑥ 560 円　⑨ 170 円

馬連⑤−⑥ 2340 円

3連複⑤⑥⑨ 4030 円

3連単⑤→⑥→⑨ 13630 円

すると、ＪＲＡはどうするか。

下位騎手でも高給取りの身内主義の育成システムをやめるか。

やめないのだ。

これが、世の定理。

指摘すると、逆のことをする。

ということで。

形ばかりの、乗るのが下手な女性騎手が増えようとも、中には才能のある者がいて、川田騎手や横山武騎手は上手かろうとも、最後の最後は、外国人ジョッキーが勝つ。

ので、それを買う。

２０２３年は、テン乗りダミアン・レーン騎手の日本ダービー制覇もあった。

ソールオリエンスもさすが横山武騎手でキチンと回ってきてはいたが、タスティエーラはレーン騎手でなければ、２着だったかもしれないレースだった。

１コーナーの入り方から、位置取りから、追い出しのタイミングまで、大一番ですべてが完璧な騎乗だった。

彼は、ジョッキー戦国地・オーストラリアの名手。必然の好騎乗だった。

この年の宝塚記念は、ドバイシーマクラシックで「ハーツクライの逃げ切り再現」を見せたルメール騎手とイクイノックスの独り舞台となった。

阪神内回り２２００ｍ。非根幹距離。直線が短く、タイト。

波乱もあり、強い馬が強い競馬をしにくい舞台で。マークされて締め出されるように、後方からになったが、ルメール騎手が差し遅れないように誘導して勝負を決めた。

世界的に見れば、当然、ルメール騎手はレーン騎手以下のジョッキーだが、それでも一度は「フランスで3位」にまではなれた男。役者が違う。

ＪＲＡの騎手育システムは今日も変わらない。

ということで、ルメール騎手が乗ると過剰人気するが、それでもルメール騎手が勝つ。そういう現象がこれからも続く。

女性騎手が人数ばかり増えても、イギリス最高ランクの女性騎手のドイル騎手や、オーストラリア史上最高の女性騎手のリサ・オールプレス騎手が来たら、当然、そちらが勝つ。

実績下位のミカエル・ミシェル騎手にならＪＲＡの女性騎手でも勝てるかもしれない。

それくらい、面白いことになっているのだ。ＪＲＡの騎手育成システムは。

●2023年　ラジオNIKKEI賞　ウヴァロヴァイト
下手騎乗と力負けの違い

スイートピーS馬って、どうよ？？

この問題と、ちょっと向き合った。

スイートピーS馬が、オークス飛ばして、別路線に回るって、どうよ？？

この問題とも向き合った。

まず、スピートピーS馬は、弱い。

例外で強かったのは、カワカミプリンセス（二冠牝馬）くらいだ。

しかし、近年、マシにはなってきた。

カレンブーケドールが出た。これも強かった。

オークスで2着。その後、ジャパンC（2着）、天皇賞・春（3着）。詰めは甘いが活躍した。

デゼルも、牝馬限定GⅡ～GⅢくらいで、活躍した。この馬は安定していた。

そして、問題は「別路線に回るスイートピーS馬」。

使い分け全盛の時代。いますよね、この手のタイプ。

今後はむしろ増えそう。

この手は、どうか。

ウインエクレール。

強そうだけど、強くなかった。

そんな印象でしょう。

そしてこの年の、ウヴァロヴァイトだ。これが、まさにそんな1頭。

オークスを回避して、ラジオＮＩＫＫＥＩ賞にぶつけてきた。

結果からいうと、強くなかった。

ただ、ラジオＮＩＫＫＥＩ賞の前には、こうも思った。

●2023年7月2日・福島11Rラジオ NIKKEI賞（GⅢ、芝1800m）

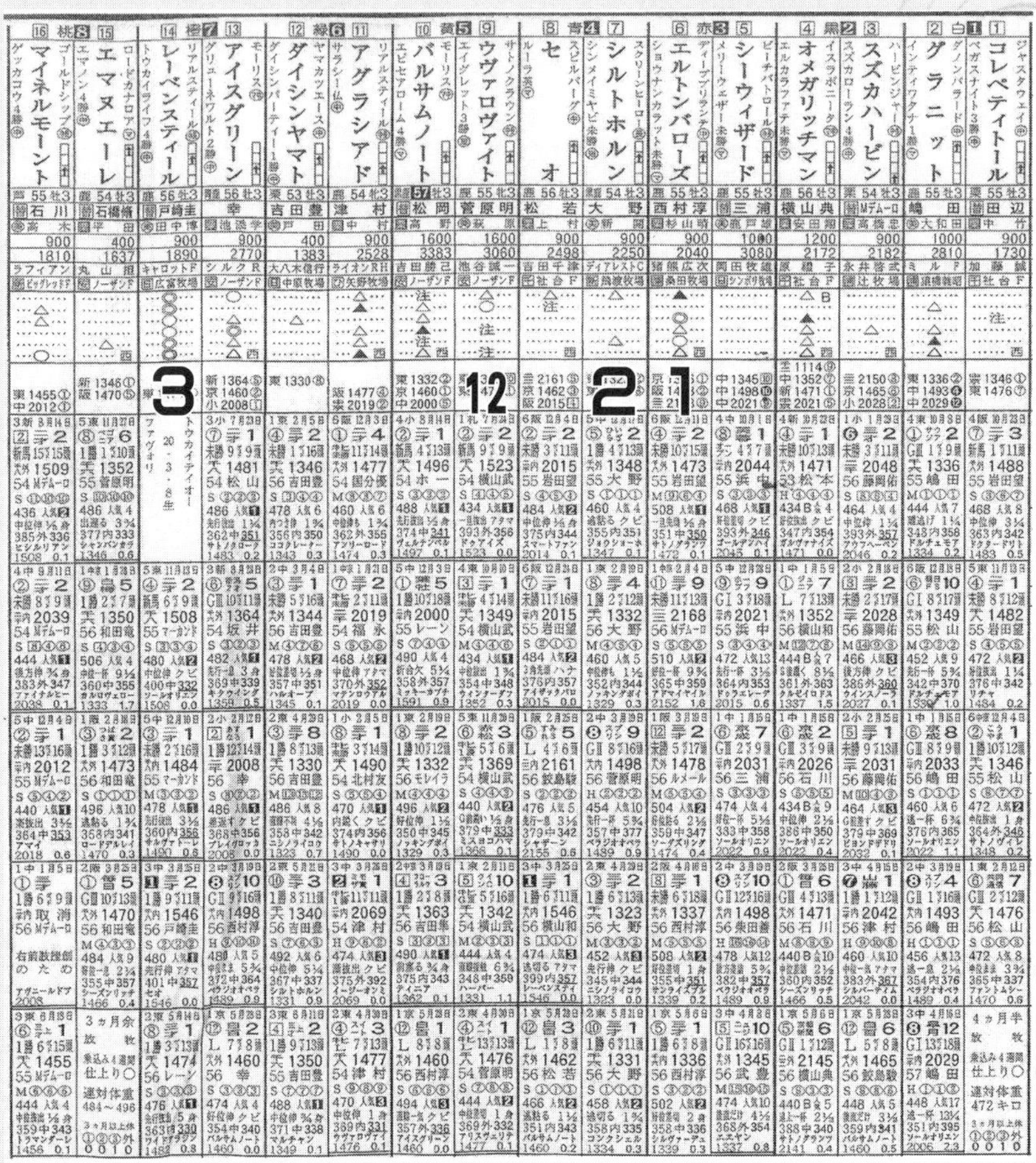

馬番	枠	馬名	父	母	斤量	騎手	調教師	賞金	総賞金	馬主	生産者
1	白1	コレペティトール	ジャスタウェイ	ベガスナイト3勝	55 牡3	田辺	中竹	900	1730	加藤誠	社台F
2	白1	グラニット	ダノンバラード	インディワクサ1勝	55 牡3	嶋田	大和田	1000	2810	ミルF	[illegible]
3	黒2	スズカハービン	ハービンジャー	スズカローラン4勝	54 牡3	Mデムーロ	高橋忠	900	2182	永井啓弍	辻牧場
4	黒2	オメガリッチマン	イスラボニータ	エルカラファテ未勝	56 牡3	横山典	安田翔	1200	2172	原禮子	社台F
5	赤3	シーウィザード	ビーチパトロール	メリーウェザー未勝	55 牡3	三浦	鹿戸雄	1000	3080	岡田牧雄	シンボリ牧場
6	赤3	エルトンバローズ	ディープブリランテ	ショウナンカラット未勝	55 牡3	西村淳	杉山晴	900	2040	猪熊広次	桑田牧場
7	青4	シルトホルン	スクリーンヒーロー	シンメイミヤビ未勝	54 牡3	大野	新開	900	2250	ディアレストC	[illegible]牧場
8	青4	セオ	スピルバーグ	ルーラ英	56 牡3	松若	上村	900	2498	吉田千津	社台F
9	黄5	ウヴァロヴァイト	サトノクラウン	エイグレット3勝	55 牡3	菅原明	萩原	1600	3060	池谷誠一	ノーザンF
10	黄5	バルサムノート	モーリス	エピセアローム4勝	57 牡3	松岡	高野	1600	3383	吉田勝己	ノーザンF
11	緑6	アグラシアド	リアルスティール	サラシー仏	54 牡3	津村	中村	900	2528	ライオンRH	矢野牧場
12	緑6	ダイシンヤマト	ヤマカツエース	ダイシンパーティー1勝	53 牡3	吉田豊	戸田	400	1383	大八木信行	中原牧場
13	橙7	アイスグリーン	モーリス	グリューネワルト2勝	56 牡3	幸	池添学	900	2770	シルクR	ノーザンF
14	橙7	レーベンスティール	リアルスティール	トウカイライフ4勝	56 牡3	戸崎圭	田中博	900	1890	キャロットF	広富牧場
15	桃8	エマヌエーレ	ロードカナロア	エマノン4勝	54 牡3	石橋脩	平田	400	1637	丸山担	ノーザンF
16	桃8	マイネルモーント	ゴールドシップ	ゲッカコウ4勝	55 牡3	石川	高木	900	1810	ラフィアン	ビッグレッドF

1着⑥エルトンバローズ

（3番人気）

2着⑦シルトホルン

（4番人気）

3着⑭レーベンスティール

（1番人気）

単⑥ 830円

複⑥ 210円　⑦ 330円　⑭ 130円

馬連⑥－⑦ 6460円

3連複⑥⑦⑭ 4690B円

3連単⑥→⑦→⑭ 50060円

スイートピーS馬は、どうせオークスでは、ほぼ用なし。

それなら、この「オークスに出ないよ、意味ないし」的な使い方は、理に適ってはいる。

そこで、ウヴァロヴァイトのレースＶＴＲを何度か見直した。

突き放せている。

なかなかだ。悪くないと思った。

クイーンＣでは大敗しており、「重賞実績なし」が気になったが……。

そう、現状、重賞だと全然ダメな可能性も十分あった。

そこをもっと重要視するべきだったのだが。

ちなみに、このクイーンＣ。

横山武騎手が乗っていたが、直線で、吉田隼騎手にドゥアイズにぶつけられていて、「だから伸びなかった」とされているようだ。

だが、僕の見解は、全然違う。

過去の膨大な事例を見ても、あの程度のぶつかり具合なら、強い馬なら伸びる。

なので、「力負け」と評価した。

乗っていた騎手の見解は違うようだったが。

そういや、ナミュールのヴィクトリアマイル（７着）でもそんなこと言っていたような気がするな、この騎手は。コメントは「あれだけの不利があったら、強い馬でも力を出せません」といった感じのコメントだった。

それも錯覚です。

過去も、現在も、未来永劫、「強い馬と強い騎手のタッグ」なら、直線で盛り返している。

試しに。

ジェンティルドンナがライアン・ムーア騎手で勝った、ドバイシーマクラシックのレースＶＴＲを見直してみましょう。

想像を絶するような激突だ。

ぶつけているのはスミヨン騎手。

しかし、ムーア騎手は文句ひとつなく、豪快に馬の体を切り返し、抜け出したスミヨン騎手の馬を、豪快に差し切ってしまった。

もうひとつ。

見直してみましょう。

ネオリアリズム。

関東の天才、堀調教師が、香港ＧＩをモレイラ騎手での騎乗で勝たせて国際Ｇ１馬にしてしまった、ネオユニヴァース産駒だ。

この馬の、２０１６年、ミッキーアイルが勝った、マイルＣＳ。

勝ったミッキーアイルの浜中騎手の斜行が、問題となったレースだ。

確かに、この斜行は、けっこう酷い。騎乗停止でいいと思う。

しかし、この光景で一番凄いのは、最も激しく激突されたムーア騎手が、フラフラになるどころか、その場でグッと耐えて、ネオリアリズム（6番人気）を3着に粘り込ませている点だ。

長く執筆してきた。

だからすでに知っている読者もいるかもしれないが、これは「馬へのアタリの柔らかさ」という概念とはまったく違う意味での『騎手の横のアタリの強さ』だ。

横のアタリの強さとは、端的に言うと、激突に耐えうるパワーだ。

そのため、僕はよく、外国人ジョッキーを「上手い」ではなく「強い」と表現する。

ちなみに。

この見直してみましょうという言い方は、読者のほうではなく、レース後のコメントがブーブーうるさい騎手のほうに語りかけている。

ただし。

横山武騎手の腕は、『エフフォーリアの皐月賞で、初めてこの騎手のGI単複を買った』ように、GIを勝つ前から高く評価している。コメントがヘンだと思うだけだ。

ウヴァロヴァイトは、ラジオNIKKEI賞では、菅原明騎手が騎乗。

スタートで安めを売ったが、それなりに盛り返し、中団馬群の中で、流れに乗ってくれた。

直線でも、それなりに捌いてくれた。

馬が伸びなかった。

これは文句なし。

すべて、自分の見解が失敗だったということだ。

レースは、人気馬のレーベンスティールが、戸崎騎手特有の『後手に回って馬群に埋もれていく騎乗』の典型例のような騎乗で、差し遅れていた。


戸崎騎手は、巷では「外枠がいい騎手」と言われている。

どう見ても、馬群の中が下手なのだから、それで間違いないと感じる。

ただ、ここまで馬群に埋もれていくなら、外目の枠でも、なんかもう、買うのは嫌だ。


しかし、いつも良い馬に乗ってくるから、これは悩みどころだ。

中山金杯のラーグルフのようなこともあるだけに。

ひとつだけ言えるのは。

JRA移籍前後の、リアルインパクトの安田記念や、レッドリヴェールの阪神JFの時のような。「ドンピシャ差し」の戸崎騎手は、もうどこにもいない。

エポカドーロの頃から、だいぶ騎乗が不安定だった。

若い頃のダノンスマッシュの、ファルコンS辺りも「すごい埋もれ方」をしていた。

2023年のラジオNIKKEI賞。このレースは、完全に「買って失敗だった」。

この年、僕は「オープンで牡馬にぶつかる牝馬」で、2回目の失敗となったからだ。

今年、1回目の失敗は、大阪—ハンブルクCのククナだった。

ククナなんか弱いとずっと言ってきたのに、初めて買ってしまった。

GIに出ている経験値があり、前走勝ちの勢いもあった。

通用すると思った。

だが、甘かった。

結果は大敗だ。

そして今度はウヴァロヴァイトだ。

これも同距離オープン特別勝った勢いで、「ローカルGⅢなら、牡馬相手もなんとか一発ありそう」と思った。

甘かった。

結果は大敗だ。

僕は、牡馬のほうが力の評価を間違えない。

牝馬のほうが間違える。

というよりも。

生物学的に牝馬のほうが弱いのだから、実力解析が難しくて当然。レベルが低いのだから。

自分の馬券成績ノートを見直す。

やはり、ヒットが生まれるのは『牡馬』か『牡馬中距離重賞』で、たまの大ヒット馬券が出るのは『牡馬中距離オープン特別』だった。

ウヴァロヴァイトとか、この手の牝馬は、もういいや。そう決めた。

この手の牝馬は、弱いからわざわざ別路線を歩んでいる、検討は無駄だ。そう思った。

ウヴァロヴァイトは失敗だった。

それを次に生かす。

この手の牝馬は、もういい。

単複派は速いぞ。

結論を出すすべてが速いぞ。

生き急げ。

その大事なことを、学校や教科書は、僕たちに教えてはくれない。

●2023年　マリーンS　ペプチドナイル
大きな勝負のつくり方〝同格勝ちの強み〟

大勝負。

これをどうやるか。

どんな話をしたい。

大勝負。

そう聞くと、いろいろな馬券で完璧な「大きな網」を張ろうとする人もいる。

それもいいと思う。

ただ、僕が思うのは、ちょっと違う。

キチンと「防御力」のある馬券をつくれば、絞れている馬券のほうが、勝負向き。

本書の読者は、最も防御力のある馬券は『複勝』だとわかっているはず。

なので、ここでも複勝を使いたい。

複勝でダメなら、見解自体がまるでダメだったということ。

こうあきらめるしかない。

待っていた馬が4着だったら、惜しい。

だが、待っていた馬が10着とかだったら、その勝負はさっさとあきらめたほうが早い。

例えば、ワイドや複勝で、ある程度どの馬が来ても大丈夫のような網を張れないか。そんなことを、
競馬ファンなら、一度や二度は考えるかもしれない。

だが……。

そんなに上手くやれるほど、僕もあなたも、器用ではない。

そう思わないか。

そう、最終的に効率が悪くなるのだ。

結局、単複で、大きく買うか、小さく買うか。

どんなケースで大きく買うか、どんなケースで小さく買うか。

こう決めておくことのほうが、重要。

そのうえで他の馬券をくっつけるのならいいと思う。

この年のマリーンSは、前走で、同じオープン特別の大沼Sを買って勢いに乗った、素軽さのある
キングカメハメハ産駒のダート馬、ペプチドナイルが出てきた。

競馬とは、前走で勝っている馬には「勢いがある」ものだ。

競馬とは、勝って勢いがあっても「同じ格で好走したことがない」とどうなるか、未知だ。

競馬とは、その勝ち方が「着差がつく圧勝」であると次走も有利になるものだ。


この同じ格で好走したことがあるという点は、恐ろしいほどの「安心材料」となる。

3勝クラスをぶっちぎっても、例えば2～3歳時にオープン好走歴などがなければ、次はオープン、となると不安なものだ。

不安というか、未知だ。

人間だってそうでしょう?

高校生が、県大会でダントツ。

でも、全国大会は出たことがない。

その人が、全国大会で有力視されても勝てるかどうかわからない。

しかし。

その高校生が、中学時に全国大会で3位の実績があったら、どうか。

「ほぼ、通用するね、これは」となる。

ここ。

ここだ。

ここを、多くの競馬ファンは軽視しすぎている。

この安心材料を、もっともっと大事にしてほしい。

ペプチドナイルは、近走で、何度もオープンで掲示板くらいはある馬だった。

●2023年7月8日・函館11Rマリーン S（OP、ダ1700m）

14 桃8	13	12 橙7	11	10 緑6	9	8 黄5	7	6 青4	5	4 赤3	3	黒2	白1
ヘニーヒューズ	ヘニーヒューズ	タピット	ディスクリートキャット	キングカメハメハ	ロードカナロア	ケープブランコ	シンボリクリスエス	アメリカンペイトリオット	イントゥミスチーフ	オルフェーヴル	ディープインパクト	シニスターミニスター	ロードカナロア
ウェルドーン	セキフウ	(外)アメリカンフェイス	メイショウユズルハ	ペプチドナイル	ルコルセール	(地)ドウドウキリシマ	プリティーチャンス	パワーブローキング	(外)イモータルスモーク	スライリー	ファルコニア	アシャカトブ	(地)ロッシュローブ
ツルマルオジョウ 1勝	シャボナ 米	スクリーンゴッデス 米	メイショウコブシ 1勝	クイーンオリーブ 4勝	ラバヤデール 3勝	メモリアルイヤー 5勝	フューチャサンデー 3勝	ビクシープリンセス 3勝	ベリーニサンライズ 米	ビジョナリー 未勝	カンビーナ 愛	ヴェリタスマリコ 未出	サンコロネット 3勝
鹿 55 牡5	栗 57.5 牡4	栗 54 牡6	鹿 55 牡4	鹿 57.5 牡5	鹿 57 牡5	栗 53 牡7	青鹿 55.5 牝6	鹿 56 牡4	鹿 54 牡6	鹿 53 牡5	鹿 [illegible] 牡6	栗 58 牡7	青鹿 57 牡6
武豊	ルメール	佐々木	岩田康	藤岡佑	鮫島駿	黛	富田	横山和	勝浦	横山琉	吉田隼	丹内	浜中
角田	武幸	戸田	岡田	武英	堀	天間	野中	粟田徹	金成	相沢	高野	小笠	田中克
4450	4870	2740	2400	3800	3600	2460	4380	2400	2400	1950	5850	5140	3310
11,360	12,931	7712	8597	8540	8185	9913	11,879	5915	5990	5380	19,805	12,540	9196
安原浩司	中辻明	吉澤HD	松本好雄	沼川一彦	G1レーシング	西村新一郎	廣崎利洋HD	ゴドルフィン	レッドマジック	ヒダカBU	社台RH	吉冨学	水上行雄
浜本牧場	バンブー牧場	アメリカ	三嶋牧場	杵臼牧場	追分F	田原橋本牧場	藤原牧場	ダーレージャパンF	アメリカ	白井牧場	社台F	岡田牧場	笠松牧場
△ 注 … △ ▲ △ 西	▲ ▲ 注 △ ◎ ▲ 西	… … … … … …	注 B △ ▲ ◎ ○ △ 西	○ B ○ ○ ○ 注 ◎ 西	◎ △ △ 注 △ ○	B … … … … …	△ B … ◎ … … △ 西	△ ◎ △ △ △ 注	… … … … … …	… … … … … …	… … … … △ 西	△ … △ … … △	… △ △ ▲ … △ 西
ダ1256❸ ダ2059 3 ダ1440② ダ1522 1	3 ③ [illegible]	ダ2020② ダ1377 4 ダ1459⑤ ダ1512 11	ダ2000① ダ2049 8 ダ1437 3 ダ1496❶	1 ❸ 6 1 ①	2 ⑤ [illegible]	ダ1232 6 ダ1370 7 ダ1361 1 ダ2103 11	ダ2053 2 ダ1369⑤ ダ1444⑤ ダ1504⑤	ダ2132⑥ ダ1360❹ ダ1466③ ダ1500❹	ダ1218❺ ダ1374⑩ ダ1454 14 ダ1543①	芝1596② 芝1332⑬ 芝2255⑫ 芝1460⑬	芝2001④ 芝1321③ 芝2120③ 芝1453②	ダ1572⑧ ダ1358 5 ダ2067② ダ1503 1	ダ1242 1 ダ1373⑦ ダ1420❶ ダ1532⑦
川崎 22年3月 ③エンプレ 6 交流GII 5ト13頭 ダ2175 56武豊 M⑤⑦⑥ 500 人気6 中位まま 9¾ 387内399 ショウナンナデ 2157 1.8	1東 1月29日 ②根岸S 13 GIII 4ト16頭 ダ1248 56 Mデムーロ M⑪⑩⑪ 482B 人気7 後方まま 13¼ 358内372 レモンポップ 1225 2.3	3福 11月20日 ⑥福島民友 12 L 2ト14頭 ダ1462 56松岡 S⑭⑧⑧ 508 人気11 直上一杯 9¼ 385外375 ベルダーイメル 1447 1.5	1中京 2月5日 ⑫ 1 3勝 12ト14頭 ダ2000 57岩田康 M⑦⑦⑦ 492B 人気1 中位差切 クビ 371外378 レプンカムイ 2000 0.0	5阪 11月27日 ⑧カノープ 6 オープン 16ト16頭 ダ2049 55富田 H④④③ 528 人気4 好位一息 7¼ 353中391 ウシュバテソー 2037 1.2	4東 10月9日 ②神無月 1 3勝 14ト16頭 ダ1345 55松山 M①②② 524B 人気3 先行抜出 2½ 348中356 ビヨンドザファ 1349 0.4	1中京 1月7日 ②すばるS 14 L 2ト14頭 ダ1260 57和田竜 H④④④ 506B 人気12 好位一杯 12¾ 349内392 バトルクライ 1238 2.2	盛岡 11月3日 ③JBCレディ 5 交流GI 10ト11頭 ダ1504 55 Cデムーロ S⑥⑦⑦ 473B 人気4 中位伸る 1¾ 382内361 ヴァレーデラル 1501 0.3	1東 1月29日 ① 6 2勝 13ト16頭 ダ2132 57横山和 M④④④ 526 人気6 好位一杯 12身 377中382 ホウオウパリス 2112 2.0	4阪 10月22日 ⑥オータム 6 オープン 2ト16頭 ダ1240 57吉田隼 H⑭⑬⑪ 512 人気9 直線鈍る 2¼ 357中368 オーヴァーネク 1236 0.4	5東 11月26日 ⑦キャピタ 13 L 6ト18頭 芝1332 54ブノワ S⑯⑮⑰ 448 人気14 後方まま 4½ 362中338 ララクリスティ 1325 0.7	5阪 11月20日 ⑥マイルCS 13 GI 17ト17頭 芝1336 57池添 S⑩②① 474 人気13 4角先頭 6身 351内351 セリフォス 1325 1.1	4中 9月18日 4 ラジオ日本 1 オープン 2ト16頭 ダ1503 57丹内 S③③③ 506 人気8 好位差切 ½身 373内366 ウィリアムバロ 1504 0.1	1函 7月9日 ⑨マリーン 7 オープン 6ト14頭 ダ1446 55浜中 S④③③ 504 人気2 好位一息 4身 370中375 フルデプスリー 1440 0.6
1函 7月9日 ⑨マリーン 2 オープン 11ト14頭 ダ1440 53武豊 S②②② 518 人気7 先行伸 ハナ 367中370 フルデプスリー 1440 0.0	1東 2月19日 ⑧フェブラ 11 GI 12ト16頭 ダ1373 58 Mデムーロ M⑥④④ 480B 人気11 好位一杯 10¾ 351外379 レモンポップ 1356 1.7	1中 1月8日 ③ポルック 5 オープン 4ト14頭 ダ1526 57バシュロ S⑦⑧⑥ 522 人気11 内々回る 4身 378内373 ニューモニュメ 1519 0.7	1阪 2月25日 ⑤仁川S 8 L 16ト16頭 ダ2049 54岩田康 M⑤⑤④ 492B 人気3 好位一杯 2¼ 359外385 メイショウフン 2045 0.4	1中京 2月4日 ⑪アルデバ 4 オープン 16ト16頭 ダ2000 57岩田望 S⑥⑥⑥ 530 人気3 中位伸も 1½ 380外374 メイショウフン 1597 0.3	1中 1月8日 ③ポルック 4 オープン 10ト14頭 ダ1525 57横山武 S③③② 530 人気4 好位一息 3½ 372中376 ニューモニュメ 1519 0.6	1中 1月15日 ⑥ジャニュ 8 オープン 9ト11頭 ダ1111 57永野 M⑩⑪⑪ 506B 人気11 後方まま 6¼ 352外359 アティード 1100 1.1	大井 1月25日 ③TCK女 3 交流GIII 5ト7頭 ダ1545 56 ムルザバエフ S⑤⑤⑤ 468B 人気3 後方伸 3身 399内374 グランブリッジ 1539 0.6	2中 3月4日 ③ 1 2勝 12ト16頭 ダ1532 58横山和 S⑨⑧⑦ 524 人気2 中位差切 クビ 380外376 シンヨモギネス 1533 0.1	6中京 12月18日 ⑥コールド 7 オープン 9ト16頭 ダ1254 57菱田 M⑧⑥⑥ 524 人気7 中位一杯 7¾ 359外372 リフレイム 1241 1.3	2中 3月11日 ⑤中山牝馬 6 牝GIII 11ト14頭 芝1474 53津村 S⑥⑧⑨ 454 人気9 3角不利 5身 372中348 スルーセブンシ 1465 0.9	1東 2月5日 ④東京新聞 9 GIII 8ト16頭 芝1323 58吉田隼 S②②② 472 人気9 先行一杯 2½ 346中351 ウインカーネリ 1318 0.5	5東 11月12日 ③武蔵野 8 GIII 3ト16頭 ダ1368 56レーン S⑦④④ 504 人気10 好位一杯 7¼ 364中361 ギルデッドミラ 1356 1.2	3福 11月20日 ⑥福島民友 10 L 3ト14頭 ダ1461 56菱田 S⑧⑪⑪ 508 人気4 後方まま 8¾ 379内373 ベルダーイメル 1447 1.4
1札 8月7日 ⑥エルムS 2 GIII 6ト14頭 ダ1443 54武豊 S②②① 514 人気6 4角先頭 クビ 368内366 フルデプスリー 1442 0.1	1京 5月14日 ⑧栗東S 6 L 12ト16頭 ダ1247 57藤岡康 H⑮⑮⑮ 486 人気6 後方差詰 8身 363中369 アイオライト 1234 1.3	2中京 3月19日 ④名古屋城 10 オープン 16ト16頭 ダ1518 58古川吉 S⑫⑪⑪ 516 人気13 後方差詰 9身 387中372 ルコルセール 1502 1.6	1京 5月6日 ⑤平城京 3 オープン 13ト15頭 ダ1514 57岩田康 S⑮⑬⑭ 492B 人気9 後方伸 2身 389内354 タイセイドレフ 1511 0.3	2東 4月30日 ④ブリリア 7 L 4ト16頭 ダ2110 56松岡 S①①① 530B 人気2 逃一息 6身 370内379 ディクテオン 2100 1.0	2中京 3月19日 ④名古屋城 1 オープン 11ト16頭 ダ1502 58菱田 S②②② 522 人気5 先行競勝 クビ 375中365 ヴァンヤール 1502 0.0	2中 3月19日 ⑧千葉S 15 オープン 10ト16頭 ダ1111 54永野 H⑯⑯⑯ 508B 人気16 後方まま 11¾ 357中354 スズカコテキタ 1093 1.8	3中 3月26日 2 マーチS 12 GIII 14ト16頭 ダ1528 555石橋脩 S⑮⑬⑬ 472B 人気8 後方まま 8身 390中374 ハヤブサナンデ 1514 1.4	2中 3月18日 7 韓国馬事 1 3勝 3ト16頭 ダ1502 58 Mデムーロ S⑥⑦⑦ 526 人気5 中位差切 ¾身 376中371 ホウオウルーレ 1503 0.1	1阪 2月19日 4 大和S 10 オープン 15ト16頭 ダ1124 57国分優 M⑫⑫⑨ 518 人気8 後方差詰 7身 363外361 ケイアイドリー 1112 1.2	1福 4月22日 ⑤福島牝馬 14 牝GIII 1ト15頭 芝1487 55丹内 S⑥⑦⑨ 442 人気12 出遅る 4¼ 375内353 ステラリア 1479 0.8	3中 4月1日 ③ダービー卿 12 GIII 15ト16頭 芝1340 585吉田隼 S③④④ 468 人気10 好位一杯 5¼ 363中343 インダストリア 1332 0.8	1中 1月8日 ③ポルック 3 オープン 3ト14頭 ダ1524 59丹内 S④④② 498 人気6 好位伸 3¼ 374内374 ニューモニュメ 1519 0.5	1小 1月15日 ②門司S 1 オープン 9ト14頭 ダ1420 57浜中 M⑤⑤③ 506B 人気5 好位抜出 ¾身 361中361 アラジンバロー 1421 0.1
11ヵ月休 脚部不安放牧 乗込み5週間 仕上り○ 連対体重 486～518 3ヵ月以上休 ①②③外 0 1 0 2	1函 6月25日 6 大沼S 2 L 5ト13頭 ダ1436 59藤岡佑 S⑪⑪⑦ 490 人気8 後方伸 3身 384外360 ペプチドナイル 1431 0.5	2東 4月30日 ④ブリリア 13 L 13ト16頭 ダ2128 55吉田豊 S⑪⑪⑨ 510 人気16 後方まま 17身 382内389 ディクテオン 2100 2.8	1函 6月25日 6 大沼S 3 L 11ト13頭 ダ1437 57岩田康 S③③③ 494B 人気4 好位粘る 3¼ 367中369 ペプチドナイル 1431 0.6	1函 6月25日 6 大沼S 1 L 10ト13頭 ダ1431 57富田 S①②② 536B 人気3 先行抜出 3身 364中367 セキフウ 1436 0.5	2東 5月27日 ⑪欅 5 オープン 15ト16頭 ダ1237 58レーン M⑥④④ 518 人気2 G前伸欠 4¼ 353中368 バトルクライ 1230 0.7	2東 5月27日 ⑪欅 16 オープン 10ト16頭 ダ1263 57佐々木 M⑮⑮⑯ 496B 人気13 後方まま 大差 371中374 バトルクライ 1230 3.3	3ヵ月余 放牧 乗込み4週間 仕上り○ 連対体重 446～472 3ヵ月以上休 ①②③外 1 1 0 2	2阪 4月16日 ⑧アンタレ 4 GIII 15ト15頭 ダ1500 57大野 M⑪⑪⑪ 518 人気7 後方追上 3½ 369中372 プロミストウォ 1495 0.5	1京 4月22日 ① 7 オープン 12ト16頭 ダ1123 57岩田康 M⑪⑪⑩ 520 人気15 後方差詰 8½ 356内367 ドンフランキー 1108 1.5	2東 5月20日 ⑨メイ 13 オープン 4ト18頭 芝1460 53木幡巧 M⑪⑬⑬ 446 人気14 後方まま 7¾ 364中346 サクラトゥジュ 1447 1.3	3ヵ月余 放牧 乗込み3週間 仕上り○ 連対体重 444～470 3ヵ月以上休 ①②③外 1 1 1 1	6ヵ月休 爪不安放牧 乗込み5週間 仕上り○ 連対体重 492～511 3ヵ月以上休 ①②③外 3 0 1 3	1福 4月8日 ①吾妻小富士 12 オープン 14ト15頭 ダ1461 57丸山 M⑥⑥⑦ 502B 人気5 中位一杯 8¾ 366中391 ブラックアーメ 1446 1.5

1着⑩ペプチドナイル　　単⑩ 310 円

（1番人気）　　複⑩ 150 円　⑨ 170 円　⑬ 170 円

2着⑨ルコルセール　　馬連⑨－⑩ 1000 円

（3番人気）　　3連複⑨⑩⑬ 1700 円

3着⑬セキフウ　　3連単⑩→⑨→⑬ 6550 円

（2番人気）

それが、前走の圧勝で勢いがついた。

しかも、同時に「オープン好走歴」という光り輝く宝物のような要素も手に入れた。

これは、要するに、オープンでもやれる証拠だ。

確証だ。

エビデンスだ。

勢い＋オープン実績＋圧勝の強さ＋今回も同舞台。

ということで、ここは自信があった。

ネット競馬で公開した買い目の画像を見てほしい。

大きく勝負しているのがわかると思う（普段は、３０００円、６０００円、９０００円と、３段階くらいに分けている。ここでは、その中の一番大きな勝負の形をとっている）。

ペプチドナイルは、藤岡佑騎手が、スタートを〝出していって〟「ハナでもいい」というくらいスピードに乗せた時点で、ほぼ、勝ち負け確定。

あとは回ってくるだけ、というレースになった。

単勝は３１０円。

１番人気としては、世の中から意外と信頼されていなかったようだが、ここで久しぶりの大勝負をした。

ちなみに、前週の「ラジオＮＩＫＫＥＩ賞・ウヴァロヴァイト」は、購入金額３０００円に設定している。

複勝も、ザックリと単勝の5倍くらいで買っているから、防御のほうも完璧だ。

防御のつもりが、150円ついているから、防御が攻撃になっている。

攻撃は最大の防御だが、守りを固める防御が攻撃にもなったら、なお良い。

どうして、こんなドンピシャに大勝負を仕掛けられるか。

どうして、こういう馬が走るかわかるか。

練習したもん。

競馬本を書き始めた頃に。

夢を見ていた頃に。

光を集めていた頃に。

●2023年　七夕賞　エヒト
騎乗ミスで負けるとは何か

久々にやらかした。

本当にバカやった。

七夕賞で、田中勝春騎手が乗るエヒトの単複を買ったのだ。

夏競馬というのは、前年そのレースの覇者が、『今年も好調』か『コース巧者』だったら、翌年もリピートで好走してくる。

リピーターの好走率が上がる季節だ。

エヒトは、七夕賞の前年の覇者。

前年54キロで勝った時は、ややマグレっぽく見えたが、その後もチャレンジCを3着に好走したり、AJCCは57キロでも2着に好走したり。

ルーラーシップ産駒の、パワー型中距離馬として、けっこう立派に走れている。

この年も頑張れそうと思い、単複を購入。

ただ、ひとつだけ不安要素があった。

鞍上だ。

田中勝騎手だ。

前年は上手く乗っているとはいえ、そのほうがマグレ。「馬がマグレ勝ちなんじゃなくて、鞍上がマグレ好騎乗」と評価していた。

というよりも……。

この騎手のほとんどの好騎乗は、たまのマグレに見える。

それくらい。下手なレースが多い。

個人的には。

バランスオブゲームのGⅡを〝山ほど〟。

2009年アブソリュートの、東京新聞杯（5番人気・1着）。

2009年アブソリュートの、富士S（6番人気・1着）。

2017年、カリビアンゴールドの、紫苑S（6番人気・2着）、

●2023年7月9日・福島11R七夕賞（GⅢ、芝2000m）

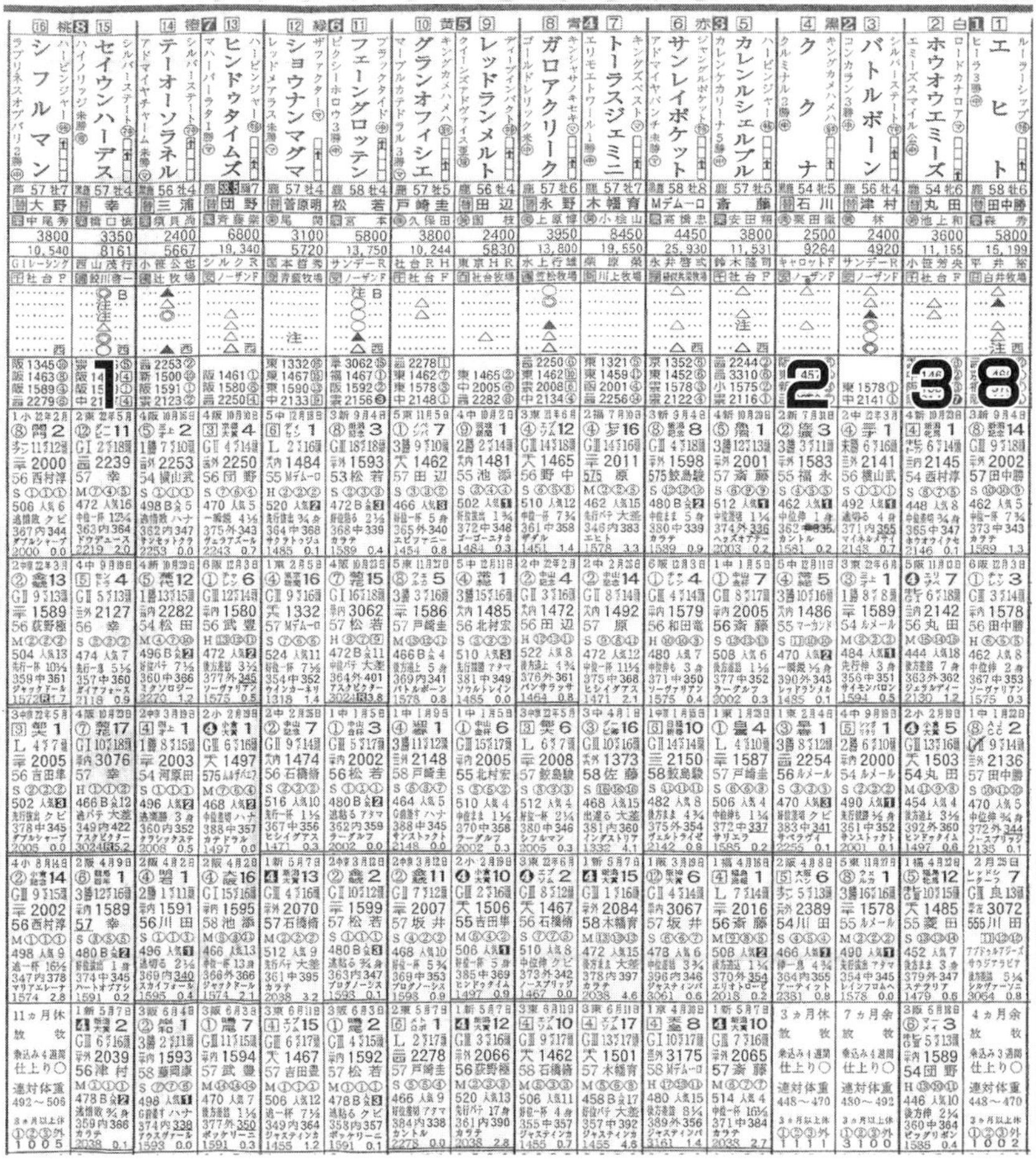

馬番	16	15	14	13	12	11	10	9	8	7	6	5	4	3	2	1
枠	桃8	桃8	橙7	橙7	緑6	緑6	黄5	黄5	青4	青4	赤3	赤3	黒2	黒2	白1	白1
父	ハービンジャー	シルバーステート	シルバーステート	ハービンジャー	ザファクター	ブラックタイド	キングカメハメハ	ディープインパクト	キンシャサノキセキ	キングズベスト	ジャングルポケット	ハービンジャー	キングカメハメハ	シルバーステート	ロードカナロア	ルーラーシップ
馬名	シフルマン	セイウンハーデス	テーオーソラネル	ヒンドゥタイムズ	ショウナンマグマ	フェーングロッテン	グランオフィシエ	レッドランメルト	ガロアクリーク	トーラスジェミニ	サンレイポケット	カレンルシェルブル	ククナ	バトルボーン	ホウオウエミーズ	エヒト
母	ラブリネスオブパリ2勝	ハイノリッジ未勝	アドマイヤチャーム未勝	マハーバーラタ1勝	レッドメアラス未勝	ピクシーホロウ3勝	マーブルカテドラル3勝	クイーンズアドヴァイス重賞	ゴールドレリック米	エリモエトワール1勝	アドマイヤパンチ未勝	カレンケカリーナ5勝	クルミナル2勝	コンカラン3勝	エミーズスマイル	ヒーラ3勝
斤量・性齢	57 牡7	57 牡4	56 牡4	58.5 騸7	57 牡4	58 牡4	57 牡5	56 牡4	57 牡6	57 牡7	58 牡8	57 牡5	54 牝5	56 牡4	54 牝6	58 牡6
騎手	大野	幸	三浦	団野	菅原明	松若	戸崎圭	田辺	永野	木幡育	Mデムーロ	斎藤	石川	津村	丸田	田中勝
調教師	中尾秀	橋口慎	須貝尚	斉藤崇	尾関	宮本	久保田	国枝	上原博	小桧山	高橋忠	安田翔	栗田徹	林	池上和	森秀
賞金	3800	3350	2400	6800	3100	5800	3800	2400	3950	8450	4450	3800	2500	2400	3600	5800
総賞金	10,540	8161	5667	19,340	5720	13,750	10,244	5830	13,800	19,550	25,930	11,531	9264	4920	11,155	15,199
馬主	GIレーシング	西山茂行	小笹公也	シルクR	国本哲秀	サンデーR	社台RH	東京HR	水上行雄	柴原榮	永井啓弍	鈴木隆司	キャロットF	サンデーR	小笹芳央	平井裕
生産者	社台F	錦川啓一	社台牧場	ノーザンF	青藍牧場	ノーザンF	社台F	社台牧場	笠松牧場	川上牧場	[illegible]	社台F	ノーザンF	ノーザンF	社台F	白井牧場

1着⑮セイウンハーデス（2番人気）	単⑮ 520円
2着④ククナ（9番人気）	複⑮ 220円　④ 530円　② 1040円
3着②ホウオウエミーズ（13番人気）	馬連④－⑮ 6510円
	3連複②④⑮ 75570円
	3連単⑮→④→② 274320円

田中勝騎手に勝たせてもらったレースは、これくらいしかないのだ。

アブソリュート。なつかしいね。

タニノギムレット産駒は強ければ強いほど、「本質的に、ほぼ東京しか走れない」とまだバレていなかった頃の話。

この件では、スマイルジャックも好例でした。

そして角居先生はさすがで、晩年のウオッカはもう、東京でしか走らせなかった。

晩年どころか、競走生活半ばからか。

田中勝騎手で、勝った数、けっこうあるって？

いや、20年間でこれだけだ。

避けているから、そんなに買っていないとはいえ、とんでもなく下手な騎乗で負けさせられたレースが何回かある。

それで買うのをやめた。

２０１０年、東風Ｓのデリキットピースの単複を、自信を持って買い、この時の騎乗を見て以降、買うのを止めた。

そしたら、その辺りから騎手として下火になって、消えていった。

よく、競馬ファンは、レース後には簡単に「二度と買わない！」と口にする。

しかし、１年も経たずに、また買っている者が多いように思う。

僕の場合、本当に買わない。

ひとつのレースや、いっときの感情で、買わないと決めるのではなく、何レースも酷すぎるレースを見てきて、ここで見切ると思って、切る。

なので、徹底する。

申し訳ないが、こうした対応をする「抜けて下手な騎手」は、さすがに、勝手に成績が下降するものだ。敏腕エージェントがついてウンヌン〜とか、そういう現象は、現代ならばある。

ただ、そういう次元ではないほどに下手で、「それでも、いつもソコソコいい馬に乗ってくる騎手」というのは、一定数いるが、ちゃんと成績が下降するのだ。

田中勝騎手。

それから、もうひとり。

大野騎手。

20年ほどの間で、ソコソコいい馬に乗ってくる騎手で、僕が本当に下手だと感じたのは、この2人。

狙っている馬に乗ってきたら、ほぼ、乗ってきた時点で購入注意をしていた。

レースを見ると、やっぱり下手に乗って負けていた。

そうこうしているうちに、この2人の騎手はあまり見かけなくなった、というわけだ。

田中勝騎手に話を戻すと、デリキットピースの東風Ｓ（今でもレースＶＴＲ必見）で、「馬券から絶縁」した。

そのまま7年、買わなかった。

しぶしぶ、仕方なく、どうしても買いたかった（間違いなく好走確定だと思った）カリビアンゴールドの紫苑Sで、超久しぶりの単複を1回だけ買ったという程度だ。

それが、2017年の出来事。

つまり、7年間、「鞍上・田中勝」というだけで避けて、そのやり方は結果としてだいぶ馬券に貢献してくれた。

2023年、七夕賞。

この騎手が下手に乗ることをすっかり忘れていた。

これはもう、僕が油断していたとしか言えない。

1枠から。スタート失敗。

1コーナーで真っすぐ進めばいいのに、リカバーせず。

そのまま、置かれて、後方に。

4コーナーは外に出そうとしたが挟まる。

前残りの福島で、何もできず。

また7年間ほど買わないのがいいだろうか。

エヒトは、ミヤビランベリ（七夕賞・連覇）の時のパターンを狙ったんだけどね。

あの頃の季節の夏の日の匂いは、今も覚えている。

●2023年　函館記念　アラタ
洋芝に雨が降ったら……

最高に難しかった。

2023年の、函館記念だ。

1番人気ローシャムパークが勝ったのに、だ。

そう、これを信じられた人はいい。

問題は、そうではない人だ。

僕の単複は、函館巧者、アラタだった。

巴賞の勝ち馬で、「その年の巴賞の勝ち馬は函館記念では来ない」と言われていたが、過去に函館のヌシ、エリモハリアーは勝っている。

エリモハリアーはちょっと極端な例か。

しかし、それだけではない。

フィールドベアー。

この馬が、巴賞（1着）→函館記念（2着）と、しっかり走っている。

今回のアラタはこの例をイメージしていた。

近年、巴賞馬は、サトノアレス、エアソミュールなどが函館記念で負けているが、サトノアレスはすでにGⅢでも厳しいと判断して巴賞だけで買い、函館記念では見送ったし、エアソミュールはのちに重賞を勝つ馬だが、この時点では、GⅢだと力がまだ足りなかったはず。

この2頭とは、ちょっと様相が違う。

そう思い、アラタの単複。

しかし、函館は金曜日から雨が降った。

土曜日も雨だった。

その土曜日の函館2歳Sは、重馬場発表（実際には不良馬場に見えたが……）で、ダートの新馬戦を勝ち上がってきた馬が勝ってしまい、大荒れ。

雨は降りやんだが……。

日曜日、函館記念も、「やや重」発表。

まだ、かなり重さが残っていた。

洋芝が、雨で荒れると、手がつけられなくなる。

レースは、アラタが前々で捌いた巴賞とは違う形を選択。

案の定の横山武騎手が、「引く」1コーナーの入り方で、中団の後ろから。

4コーナーでは外を回さずに、馬群の中に切れ込むようなコーナーリングを見せて、騎乗自体はまずまず良かったと思うが……。

馬の反応がなく、凡退。

勝ったのはローシャムパーク。

洋芝と重馬場が得意なハービンジャー産駒が、初めての洋芝で雨に恵まれて、水を得た魚のようにスイスイと圧勝だ。

アラタは、斤量58キロも重馬場で響いたか。

重馬場だと、予測不能な大敗になることが多い。

●2023年7月16日・函館11R函館記念（GⅢ、芝2000m）

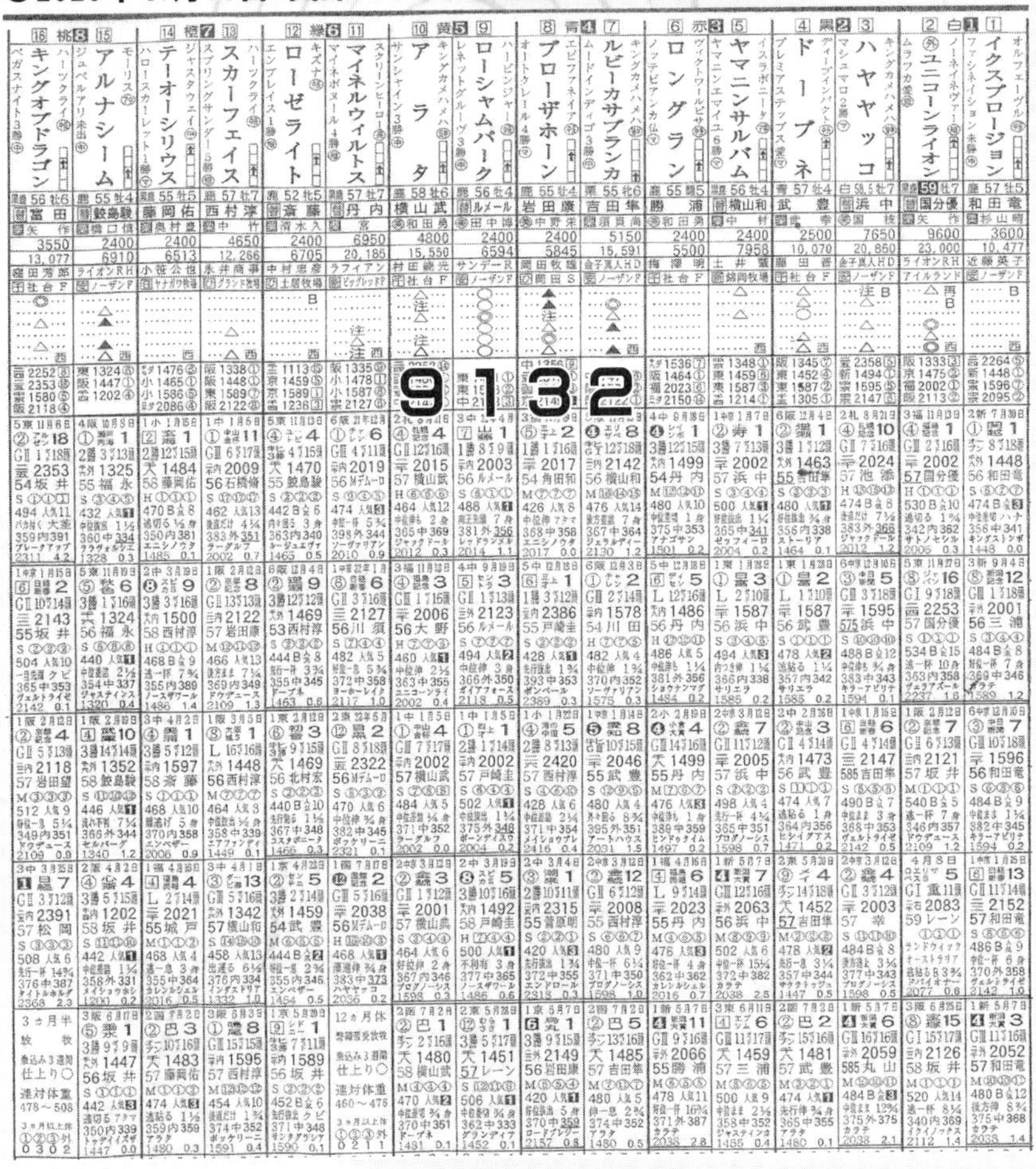

馬番	馬名	父	母	斤量・性齢	騎手	調教師	賞金	総賞金	馬主	生産者
1	イクスプロージョン	オルフェーヴル	ファシネイション	57 牡5	和田竜	杉山晴	3600	10,477	近藤英子	ノーザンF
2	ユニコーンライオン	ノーネイネヴァー	ムラフカ	59 牡7	国分優	矢作	9600	23,000	ライオンRH	アイルランド
3	ハヤヤッコ	キングカメハメハ	マシュマロ	58.5 牡7	浜中	国枝	7650	20,850	金子真人HD	ノーザンF
4	ドーブネ	ディープインパクト	プレミアステップス	57 牡4	武豊	武幸	2500	10,070	藤田晋	社台F
5	ヤマニンサルバム	イスラボニータ	ヤマニンエマイユ	56 牡4	横山和	中村	2400	7958	土井肇	錦岡牧場
6	ロングラン	ヴィクトワールピサ	ノッテビアンカ	55 騸5	勝浦	和田勇	2400	5500	梅澤明	社台F
7	ルビーカサブランカ	キングカメハメハ	ムードインディゴ	55 牝6	吉田隼	須貝尚	5150	15,591	金子真人HD	ノーザンF
8	ブローザホーン	エピファネイア	オートクレール	55 牡4	岩田康	中野栄	2400	5845	岡田牧雄	岡田S
9	ローシャムパーク	ハービンジャー	レネットグルーヴ	56 牡4	ルメール	田中博	2400	6594	サンデーR	ノーザンF
10	アラタ	キングカメハメハ	サンシャイン	58 牡6	横山武	和田勇	4800	15,550	村田能光	社台F
11	マイネルウィルトス	スクリーンヒーロー	マイネポヌール	57 牡7	丹内	宮	6950	20,185	ラフィアン	ビッグレッドF
12	ローゼライト	キズナ	エンプレイス	52 牝5	斎藤	清水久	2400	6705	中村忠彦	土居牧場
13	スカーフェイス	ハーツクライ	スプリングサンダー	57 牡7	西村淳	中竹	4650	12,266	永井商事	グランド牧場
14	テーオーシリウス	ジャスタウェイ	ハロースカーレット	55 牡5	藤岡佑	奥村豊	2400	6513	小笹公也	ヤナガワ牧場
15	アルナシーム	モーリス	ジュベルアリ	55 牡4	鮫島駿	橋口慎	2400	6910	ライオンRH	ノーザンF
16	キングオブドラゴン	ハーツクライ	ベガスナイト	56 牡6	富田	矢作	3550	13,077	窪田芳郎	社台F

1着⑨ローシャムパーク（1番人気）
2着⑦ルビーカサブランカ（4番人気）
3着⑧ブローザホーン（2番人気）

単⑨ 410円
複⑨ 170円 ⑦ 230円 ⑧ 200円
馬連⑦－⑨ 2520円
3連複⑦⑧⑨ 4210円
3連単⑨→⑦→⑧ 21330円

そうなると、複勝の『防御』もできない。

あまりにも馬場が悪化してきたら、馬券は様子見でもいいと思う。

逆にローシャムパークを評価していた人は買いやすかっただろう。

4着には、12カ月ぶりのレースだった、マイネルウィルトスが食い込んできており、この馬は「現役最高の重馬場巧者」として有名な馬。

これを買って4着なら、それは仕方ないと思う。いい狙いだとも思う。

巧者に逆らわないこと。これも大事なことだ。

僕のように「待っていた馬が、待っていたレースに出てきた時だけ買うスタイル」には、雨や重馬場は、けっこう厳しい。

それから「巧者」以外にも、重馬場で有利な馬はいる。

レースをしっかり使っている馬だ。

逆にいうと、マイネルウィルトスは、レースを使えていれば、勝ち負けにまで加われていたはずだ。

今回でいうと、3着、ブローザホーンなども「使っている馬」。

ふと思ったが、「使っている馬」と「巧者」だけでワイドボックス等を買うのも、「買い方の案」としてはアリなのかもしれない。

今回でいうと、ローシャムパーク（重馬場巧者）、マイネルウィルトス（重馬場巧者）、ハヤヤッコ（重馬場巧者）、ブローザホーン（レースを使っている馬）。この辺りのワイドでボックスのイメージ。

これはけっこう、『馬券の正解』に、引っかかってきそうなイメージを持てる。

ただ……。

重馬場の日は、馬券はほどほどでいい。

もしくは、購入額を減らす。

それが一番、無難なやり方だと思う。

●2023年 クイーンS ドゥーラ 「夏は牝馬」と「馬体重増減」の本質

夏は牝馬。

昔からそう言われている。

嘘だと思う。

夏は格より勢い。

これは完全に嘘。

2023年、クイーンSで、ドゥーラの単複を買った。

GI、オークスの3着馬だ。

ハッキリと『格』を重視して待っていて、単複を買った。

前年の札幌2歳Sを勝って以降は、「斎藤騎手がGIで流れにも乗れない始末で下手すぎ」「戸崎騎手がGIでもGIでなくても下手すぎで挟まる」を連発。

〝競馬にならない競馬〟が続いていた。

ドゥラメンテ産駒らしい馬で、首を使って、小気味よく走る牝馬。

札幌コースの適性も、2歳時に証明済みだった。

ちなみに。

夏はコース巧者。

この格言は合っていると思う。

ローカルが多く、コース自体が特殊だからだ。

つまり、この時のドゥーラは「格上」＋「コース巧者」という状況だったわけだ。

でも、「牝馬」でもある？？

牝馬かどうかは関係ないです。

夏は牝馬が強いのではなく、凄く強い牡馬が出てこないから、ちょっと勝ちやすくなるだけ。それが本質。

鞍上の斎藤騎手がまた失敗するのが恐かったが、ＧＩで流れに乗れていないだけで、ＧⅢ～オープン特別くらいなら、なんとか流れに乗れることもある。

レッドガランのリゲルＳ（3着）で、一度だけ単複を買ったことがある騎手だが、その時はそれなりに流れに乗せてくれた。

期待して単複。

レースは、好スタートから、前から離されないぞという意識の見える競馬。

中団外目から地力で動き出した姿を見て、勝ち負けを確信した。

結果は、突き抜けて快勝だった。

●2023年7月30日・札幌11Rクイーン S（GⅢ、芝1800m）

馬番	枠	馬名	父	母	毛色・斤量・性齢	騎手	調教師	賞金	総賞金	馬主	生産者	印	持ち時計	4走前	3走前	2走前	前走
1	白1	コスタボニータ	イスラボニータ	レディイン(仏)	芦 55 牝4	松山	栗杉山佳	2400	6842	谷掛龍夫	社台F	▲ ▲ ○ ◎ △ ◎ 西	阪 [illegible] ④ 東 [illegible] ⑤	5東 11月19日 ⑤ 14 3勝 12ゲ16頭 1335 54田辺 S⑮⑮⑯ 456 人気10 出遅る 9¼ 368外339 ジャスティンス 1320 1.5	1東 2月12日 ⑥ 1 牝3勝 10ゲ15頭 1466 55松山 S③③③ 456 人気8 好位差切 クビ 368中342 タガノパッショ 1467 0.1	2阪 4月8日 ⑤阪神牝馬 3 牝GⅡ 2ゲ12頭 芝外1342 55鮫島駿 S②⑥⑤ 462 人気9 内つき伸 1½ 367内340 サウンドビバー 1339 0.3	2東 5月20日 ⑨メイ 6 オープン 18ゲ18頭 1455 54松山 M④④④ 462 人気8 好位一息 4¾ 359中346 サクラトゥジュ 1447 0.8
2	黒2	ウインピクシス	ゴールドシップ	コスモアクセス4勝	芦 55 牝4	横山武	美上原博	2400	5720	ウイン	コスモヴューF	△ ▲ △ △	新 [illegible] 小 [illegible] 東 [illegible]	1小 1月14日 ① 1 3勝 2ゲ16頭 1473 53松岡 M①①① 448 人気5 逃切る ½身 355内360 リューベック 1474 0.1	2中 3月11日 ⑤中山牝馬 8 牝GⅢ 14ゲ14頭 芝内1474 53松岡 S①①① 448 人気4 逃一息 5¼ 367内354 スルーセブンシ 1465 0.9	1福 4月22日 ⑤福島牝馬 13 牝GⅢ 12ゲ15頭 1486 55松岡 S②③④ 450 人気3 先行一杯 3½ 367内355 ステラリア 1479 0.7	3ヵ月余 放牧 乗込み2週間 仕上り○ 連対体重 424～448 3ヵ月以上休 ①②③外 1001
3	赤3	ライトクオンタム	ディープインパクト	イルミナント(米)	青鹿 52 牝3	武豊	栗武幸	2400	4700	社台RH	社台F	△ △ △ 注 注 西	阪 1329⑤ 2271⑰	5東 11月12日 ③ 1 牝新馬 11ゲ11頭 1341 54ルメール S①①① 426 人気1 逃切る 2½ 364内340 アンリーロード 1345 0.4	1中京 1月8日 ③シンザン 1 GⅢ 2ゲ7頭 1337 54武豊 M⑤⑤⑤ 428 人気2 直線一気 1身 362外346 ペースセッティ 1338 0.1	2阪 4月9日 ⑥桜花 8 牝GⅠ 2ゲ18頭 芝外1329 55武豊 S③⑧⑧ 428 人気2 折合欠 4¼ 351中343 リバティアイラ 1321 0.8	2東 5月21日 ⑩オークス 17 牝GⅠ 2ゲ18頭 2271 55田辺 S①①① 432 人気12 逃バテ 大差 351内391 リバティアイラ 2231 4.0
4	赤3	ルビーカサブランカ	キングカメハメハ	ムードインディゴ3勝	栗 55 牝6	ルメール	栗須貝尚	6000	17,291	金子真人HD	ノーザンF	△ 注 △ ◎ △ 西	2122① 中 1470⑥ 阪 1578②	1中京 1月14日 ⑤愛知杯 8 牝GⅢ 10ゲ15頭 2046 55武豊 S⑫⑨⑤ 480 人気4 外々回る 8¾ 395外351 アートハウス 2031 1.5	2中京 3月12日 ②金鯱 12 GⅡ 6ゲ12頭 2008 55西村淳 S⑥⑥⑦ 480 人気9 中位一杯 6¼ 371中350 プログノーシス 1598 1.0	2函 7月2日 ②巴 5 オープン 13ゲ16頭 1485 57吉田隼 M⑦⑪⑦ 480 人気5 伸一息 2¾ 374中352 アラタ 1480 0.5	2函 7月16日 ⑥函館記念 2 GⅢ 7ゲ16頭 2018 55吉田隼 H⑦⑦⑤ 478 人気4 中位伸 2身 364中363 ローシャムパー 2014 0.4
5	青4	(外)サトノセシル	フランケル	デューブ(独)	鹿 55 牝7	佐々木	美堀	3100	11,550	里見治	イギリス	△ △ △ ○ △ 西	1344⑤ 東 1447④ 東 1581②	3福 11月13日 ④福島記念 2 GⅢ 7ゲ16頭 2005 53古川吉 H⑤⑤④ 462 人気3 好位伸 1¾ 356中359 ユニコーンライ 2002 0.3	1中京 1月14日 ⑤愛知杯 5 牝GⅢ 1ゲ15頭 2040 55ルメール S⑤⑥⑤ 466 人気6 伸一息 5¼ 385内346 アートハウス 2031 0.9	2中 3月11日 ⑤中山牝馬 3 牝GⅢ 5ゲ14頭 芝内1470 55田辺 S⑦⑤⑤ 466 人気5 好位伸 2¾ 374内345 スルーセブンシ 1465 0.5	4ヵ月半 放牧 乗込み5週間 仕上り○ 連対体重 448～474 3ヵ月以上休 ①②③外 2201
6	青4	ローゼライト	キズナ	エンプレイス1勝	鹿 55 牝5	鮫島駿	栗清水久	2400	6705	中村忠彦	土居牧場	B 西	京 1236③ 1113⑮ 京 1459⑤ 京 1589①	1東 2月12日 ⑥ 3 牝3勝 9ゲ15頭 1469 56北村宏 S②②② 440B 人気10 先行粘る 1½ 367中348 コスタボニータ 1466 0.3	1京 4月23日 ② 5 3勝 2ゲ14頭 芝外1459 54武豊 M⑥⑥⑤ 444B 人気2 好位一息 2¾ 355内346 エンペザー 1454 0.5	1京 5月20日 ⑨シドニー 1 牝3勝 7ゲ11頭 芝内1589 56坂井 S②②② 452B 人気6 先行抜出 クビ 371中348 サンタグラシア 1590 0.1	2函 7月16日 ⑥函館記念 13 GⅢ 12ゲ16頭 2024 52斎藤 H⑦⑦⑥ 440B 人気15 中位一杯 6身 364中369 ローシャムパー 2014 1.0
7	黄5	ドゥーラ	ドゥラメンテ	イシス1勝	黒鹿 51 牝3	斎藤	栗高橋康	2000	7530	サイプレスHD	グランデF	◎ ○ ◎ ○ 注 ○ 西	阪 [illegible]⑭ 札 [illegible]① [illegible]③	6阪 12月11日 ④阪神JF 6 牝GⅠ 16ゲ18頭 芝外1338 54斎藤 H⑰⑰⑰ 470 人気6 出遅る 4¾ 355外350 リバティアイラ 1331 0.7	1阪 3月4日 ⑦チューリ 15 牝GⅡ 8ゲ17頭 芝外1350 54戸崎圭 S⑫⑪⑪ 476 人気1 直線詰る 6¼ 365中342 モズメイメイ 1340 1.0	2阪 4月9日 ⑥桜花 14 牝GⅠ 13ゲ18頭 芝外1332 55戸崎圭 S⑬⑯⑫ 472 人気8 出遅る 6¼ 362外342 リバティアイラ 1321 1.1	2東 5月21日 ⑩オークス 3 牝GⅠ 13ゲ18頭 2241 55斎藤 S⑬⑭⑭ 472 人気15 後方伸 6¼ 371中341 リバティアイラ 2231 1.0
8	黄5	キタウイング	ダノンバラード	キタノリツメイ未勝	黒鹿 52 牝3	江田照	美小島茂	3850	7430	ミルF	ミルF	注	1116④ 阪 1330⑫ 2262⑮	1中 1月9日 ④フェアリ 1 牝GⅢ 14ゲ16頭 芝外1343 55杉原 M⑮⑮⑨ 432 人気11 内一気 アタマ 359内349 メイクアスナッ 1343 0.0	1阪 3月4日 ⑦チューリ 7 牝GⅡ 2ゲ17頭 芝外1343 54杉原 S⑭⑬⑪ 432 人気5 後方差詰 2身 363中335 モズメイメイ 1340 0.3	2阪 4月9日 ⑥桜花 12 牝GⅠ 8ゲ18頭 芝外1330 55杉原 S⑯⑯⑰ 432 人気12 後直だけ 5身 362中336 リバティアイラ 1321 0.9	2東 5月21日 ⑩オークス 15 牝GⅠ 3ゲ18頭 2262 55杉原 S⑯⑮⑯ 430 人気16 後方まま 大差 371内360 リバティアイラ 2231 3.1
9	緑6	グランスラムアスク	ディープインパクト	ジェニサ(米)	鹿 55 牝4	古川奈	栗矢作	2400	6820	廣崎利洋HD	下河辺牧場	B 注 △ △ 西	阪 1347⑥ 新 1459① 阪 2002②	2阪 4月2日 ④ 6 2勝 8ゲ11頭 芝内2002 54古川奈 S⑤③④ 452B 人気7 中位まま 6½ 376中347 テーオーソラネ 1591 1.1	3中 4月16日 ⑧ 6 牝2勝 10ゲ15頭 芝内2017 56横山武 H⑤⑤③ 450B 人気6 好位一息 6¾ 363中372 モカフラワー 2006 1.1	1新 4月29日 ① 1 2勝 10ゲ12頭 芝外1466 56古川奈 M①①① 446B 人気4 離逃げ 4身 354内351 タガノチュール 1473 0.7	1新 5月14日 ⑥ 1 3勝 9ゲ13頭 芝外1459 56丸山 M①①① 450B 人気4 逃切る ハナ 347内353 ルドヴィクス 1459 0.0
10	緑6	イズジョーノキセキ	エピファネイア	キングダンサー1勝	鹿 57 牝6	岩田康	栗中村	5150	22,034	泉一郎	神田哲夫	△ ▲ △ 西	2125⑤ 阪 1333④ 東 1445① 阪 1585②	5阪 11月13日 ④エリザベス 10 牝GⅠ 7ゲ18頭 内2145 56ルメール M⑫⑬⑬ 470 人気10 後直だけ 8¾ 363中367 ジェラルディー 2130 1.5	5中 12月25日 ⑧有馬 4 GⅠ 2ゲ16頭 内2332 55岩田康 S⑦⑧⑥ 472 人気13 中位差詰 4¾ 367中361 イクイノックス 2324 0.8	2阪 4月8日 ⑤阪神牝馬 10 牝GⅡ 11ゲ12頭 芝外1348 56岩田康 S⑧③⑤ 470 人気5 直線不利 4¾ 365中347 サウンドビバー 1339 0.9	2東 5月14日 ⑧ヴィクト 15 牝GⅠ 7ゲ16頭 1335 56岩田康 S⑭⑪⑨ 472 人気10 内々回る 8½ 355内342 ソングライン 1322 1.3
11	橙7	ジネストラ	ロードカナロア	ハッピーパス5勝	鹿 55 牝5	三浦	美鹿戸雄	2400	9414	サンデーR	ノーザンF	△	東 1209③ 1321④ 福 1481④ 1278①	1中 1月8日 ③ 2 3勝 4ゲ12頭 芝外1327 55三浦 S①①① 464 人気2 逃惜敗 ハナ 353内343 ゾンニッヒ 1327 0.0	2中 2月25日 ①幕張 1 3勝 4ゲ16頭 芝外1332 56三浦 M②④④ 460 人気1 好位抜出 1½ 353中354 フィールシンパ 1334 0.2	1福 4月22日 ⑤福島牝馬 4 牝GⅢ 8ゲ15頭 1481 55三浦 S⑩⑩⑨ 450 人気5 中位差詰 1¼ 376外345 ステラリア 1479 0.2	3ヵ月余 放牧 乗込み4週間 仕上り◎ 連対体重 424～464 3ヵ月以上休 ①②③外 0111
12	橙7	ミスニューヨーク	キングズベスト	マンハッタンミート1勝	青鹿 56 牝6	Mデムーロ	栗杉山晴	6100	18,177	高昭牧場	高昭牧場	○ ◎ ▲ ▲ 西	阪 1210⑨ 中 1328① 小 1462② 京 2015⑤	1阪 2月19日 ③京都牝馬 9 牝GⅢ 14ゲ18頭 内1210 56Mデムーロ S⑱⑰⑯ 478 人気7 後方差詰 4身 365外333 ララクリスティ 1204 0.6	3中 4月1日 ③ダービー卿 8 GⅢ 6ゲ16頭 芝外1337 56Mデムーロ S⑥⑧⑦ 472 人気4 中位まま 3身 367中338 インダストリア 1332 0.5	1福 4月22日 ⑤福島牝馬 11 牝GⅢ 7ゲ15頭 1485 56加藤 S⑮⑮⑭ 472 人気6 殿り差詰 2¾ 381外344 ステラリア 1479 0.6	3ヵ月余 放牧 乗込み4週間 仕上り○ 連対体重 448～472 3ヵ月以上休 ①②③外 1010
13	桃8	ビジン	キズナ	ザフラッツ(米)	黒鹿 55 牝4	藤岡佑	栗武英	2400	5606	菅藤孝雄	飛野牧場	△ △ 西	2124② 阪 1352⑮ 小 1486④ 阪 1593⑥	1中京 1月14日 ⑤愛知杯 7 牝GⅢ 4ゲ15頭 2044 50酒井 S⑤⑥⑤ 464 人気13 折合欠 7¾ 387中350 アートハウス 2031 1.3	1阪 2月25日 ⑥松籟 4 3勝 5ゲ13頭 芝内3069 53池添 S①①① 464 人気7 逃一息 1身 361内356 ゼーゲン 3067 0.2	3中 4月16日 ⑧サンシャ 1 3勝 13ゲ14頭 内2362 54藤岡佑 H②②② 466 人気7 先行抜出 クビ 377中379 ホウオウエクレ 2362 0.0	3阪 6月18日 ⑥マーメイ 6 牝GⅢ 11ゲ13頭 芝内1593 53酒井 H④④① 468 人気8 逃上一杯 4¾ 346外372 ビッグリボン 1585 0.8
14	桃8	トーセンローリエ	サトノクラウン	トーセンナチュラル1勝	黒鹿 51 牝3	吉田隼	美小笠	2100	4080	島川隆哉	エスティF	△	東 1209① 中 1338① 1112②	1東 2月4日 ③ 1 牝1勝 8ゲ11頭 1209 54横山和 M③⑤④ 428 人気1 好位抜出 1½ 347内344 アンタノバラー 1211 0.2	2中 3月12日 ⑥アネモネ 1 牝L 5ゲ16頭 芝外1338 54横山和 M②②② 426 人気1 先行抜出 ½身 349中350 コンクシェル 1339 0.1	2阪 4月9日 ⑥桜花 18 牝GⅠ 18ゲ18頭 芝外1344 55横山和 S③②③ 424 人気13 好位一杯 13¾ 343中364 リバティアイラ 1321 2.3	3ヵ月半 放牧 乗込み4週間 仕上り○ 連対体重 426～430 3ヵ月以上休 ①②③外 0200

1着⑦ドゥーラ

（1番人気）

2着②ウインピクシス

（9番人気）

3着①コスタボニータ

（3番人気）

単⑦ 450円

複⑦ 210円 ② 540円 ① 260円

馬連②－⑦ 3930円

3連複①②⑦ 8920円

3連単⑦→②→① 41860円

夏は牝馬。

それは、夏は強い牡馬が出てくる頭数が少ないだけ。

夏は格より勢い。

それは、格を持っている馬が弱いか、格を持っている馬がそもそも出てこないだけ。

ドゥーラは、颯爽と駆け抜けたが、夏の牝馬だから勝っただけではない。

格上馬の力を、しっかり見せただけだ。

そういえば、パドックでは馬体重が話題になっていた。

ドゥーラは札幌への輸送。

マイナス14キロ。

普段、馬体を気にしない僕が見ても、腹回りが巻き上がって、輸送減りしたのを感じた。

だからなんなの？？　と思う。

よく、こんな例を使う。

よく知る友人。信頼している。今日は風邪気味。それでも彼はやると言っている。

よく知らない人。今日は元気ピンピン。彼が風邪なら俺がやると言っている。

ここでは、「よく知る友人」を、週中に分析バッチリ完了の馬、と置き換えてほしい。

そして、「よく知らない人」を、週中に分析をしていない、隣の人気馬に置き換えてほしい。

どっちを信じるか。

僕は友人を信じる。

信じて、そのまま、仕事を任せます。

病気とか、倒れそうだとか、そういうことでもなければ、「何ができるか」を知っているほうに任せます。なので、直前の体重や小さな状態の変化より、そもそもどんな馬かをしっかり把握できることの方が重要。そう思う。

ちなみに、この日の北海道のテレビ中継は、パドックでのドゥーラ本命をやめて、ミスニューヨークへの変更！　などと、液晶画面の向こう側で、右往左往している様子。

14キロって、4、500キロある馬にとって、人間でいったら何キロだろう。

何も気にならない。

10キロくらいの馬体重を気にしまくるファンを見ると、お肉屋さんですか？？　と思う。

マイナス50キロなら？

それは体調不良ではない。

病気です。

2000年初頭、グディニアというサンデーサイレンスの牝馬がいた。

1戦0勝。未勝利で引退した。

藤沢和厩舎にいた、最高の役者、マチカネアカツキの全妹に当たる馬。

サウスニアレースホースクラブの馬だった。

この馬が、怪我をした精神的な後遺症で、馬運車に乗ると、恐ろしい緊張状態になって、20キロ〜30キロほど体重が落ちるという、かわいそうなことになった。

記憶が確かなら……。それが原因で引退したと思う。

そう、これが病気だ。

数年後、産駒がアンブロークン（壊れない）という名前で登場した時には、ちょっと感動したのを覚えている。息子は丈夫だった。

ドゥーラが何事もなく勝った頃、新潟ではアイビスサマーダッシュがスタート。

なんと、12カ月ぶりの出走のオールアットワンスが勝っていた。

２０２１年の覇者でコース巧者とはいえ、まる1年ぶりの競馬。これには驚いた。

ちなみに馬体重はプラス18キロだった。これには驚かなかった。

●２０２３年　札幌記念　プログノーシス
「平坦のディープ」は永遠だ

これは「サングレーザーの時に似ている」。

２０１８年の札幌記念を勝ったサングレーザーに似ていると感じた馬がいた。

プログノーシスだ。

当時、サングレーザーは安田記念5着からの参戦。

今回、プログノーシスは香港クイーンエリザベス２世Ｃ２着からの参戦。

どちらもディープインパクト産駒。晩成型。ＧⅠを勝ち切るところまではまだいけていない。だが、ＧⅡなら間違いなく強いという馬。

●2023年８月20日・札幌11Ｒ札幌記念（ＧII、芝2000m）

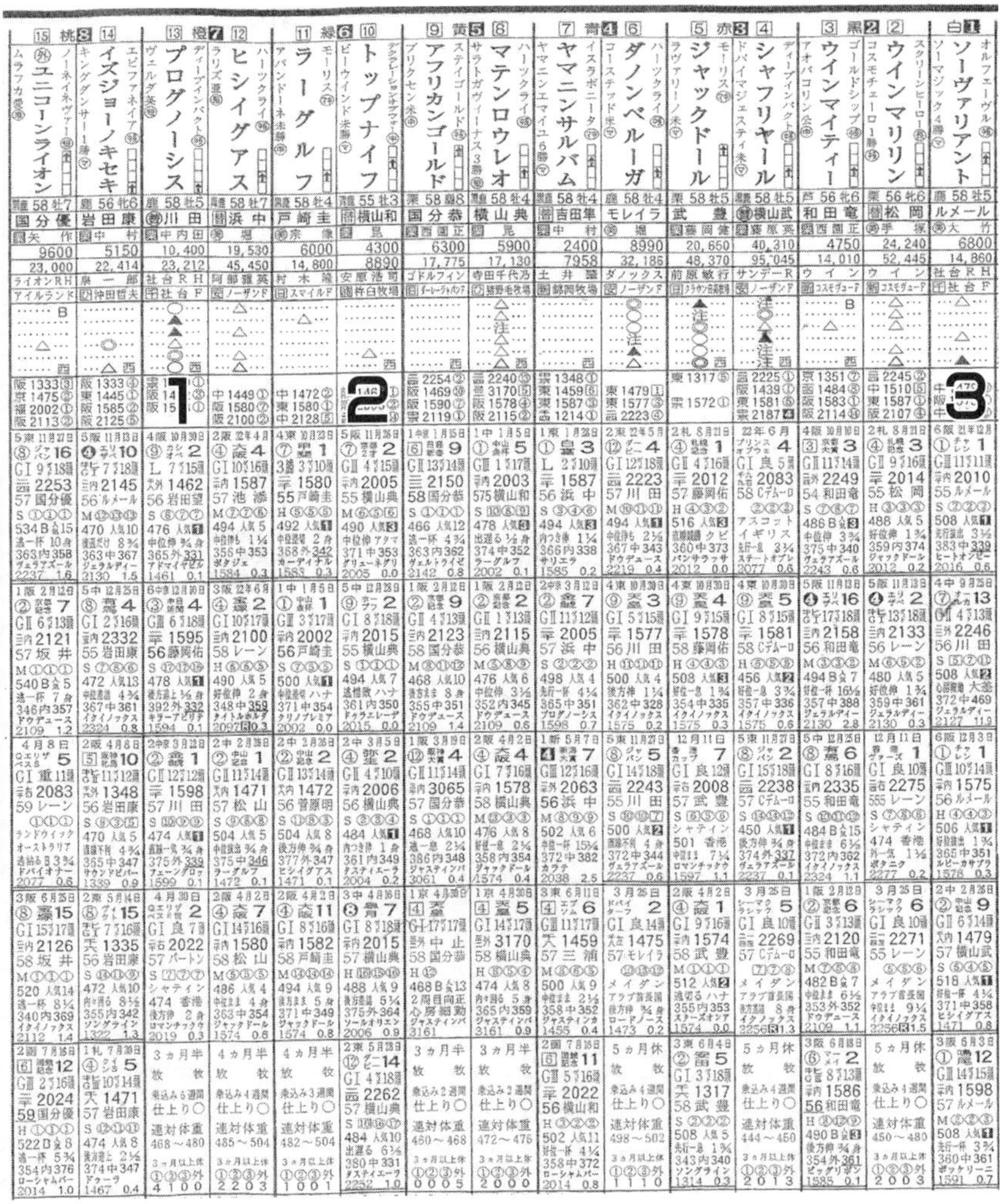

馬番	枠	馬名	父	母	斤量・性齢	騎手	厩舎	本賞金	収得賞金	馬主	生産者
1	白1	ソーヴァリアント	オルフェーヴル	ソーマジック	58 牡5	ルメール	大竹	6800	14,860	社台ＲＨ	社台Ｆ
2	黒2	ウインマリリン	スクリーンヒーロー	コスモチェーロ	56 牝6	松岡	手塚	24,240	52,445	ウイン	コスモヴューＦ
3	黒2	ウインマイティー	ゴールドシップ	アオバコリン	56 牝6	和田竜	西園正	4750	14,010	ウイン	コスモヴューＦ
4	赤3	シャフリヤール	ディープインパクト	ドバイマジェスティ	58 牡5	横山武	藤原英	40,310	95,045	サンデーＲ	ノーザンＦ
5	赤3	ジャックドール	モーリス	ラヴァリーノ	58 牡5	武豊	藤岡健	20,650	48,370	前原敏行	クラウン日高牧場
6	青4	ダノンベルーガ	ハーツクライ	コーステッド	58 牡4	モレイラ	堀	8990	32,185	ダノックス	ノーザンＦ
7	青4	ヤマニンサルバム	イスラボニータ	ヤマニンエマイユ	58 牡4	吉田隼	中村	2400	7958	土井肇	錦岡牧場
8	黄5	マテンロウレオ	ハーツクライ	サラトガヴィーナス	58 牡4	横山典	昆	5900	17,130	寺田千代乃	猪野毛牧場
9	黄5	アフリカンゴールド	ステイゴールド	ブリクセン	58 騸8	国分恭	西園正	6300	17,775	ゴドルフィン	ダーレー・ジャパンＦ
10	緑6	トップナイフ	デクラレーションオブウォー	ビーウインド	55 牡3	横山和	昆	4300	8890	安原浩司	杵臼牧場
11	緑6	ラーグルフ	モーリス	アバンドーネ	58 牡4	戸崎圭	宗像	6000	14,800	村木篤	スマイルＦ
12	橙7	ヒシイグアス	ハーツクライ	ラリズ	58 牡7	浜中	堀	19,530	45,450	阿部雅英	ノーザンＦ
13	橙7	プログノーシス	ディープインパクト	ヴェルダ	58 牡5	川田	中内田	10,400	23,212	社台ＲＨ	社台Ｆ
14	桃8	イズジョーノキセキ	エピファネイア	キングダンサー	56 牝6	岩田康	中村	5150	22,414	泉一郎	沖田哲夫
15	桃8	ユニコーンライオン	ノーネイネヴァー	ムラフカ	58 牡7	国分優	矢作	9600	23,000	ライオンＲＨ	アイルランド

1着⑬プログノーシス　　　　単⑬ 510 円

（2番人気）　　　　複⑬ 200 円　⑩ 800 円　① 300 円

2着⑩トップナイフ　　　　馬連⑩ー⒀ 13680 円

（9番人気）　　　　3連複①⑩⑬ 28200 円

3着①ソーヴァリアント　　　　3連単⑬→⑩→① 168930 円

（4番人気）

そして。

あと、もうワンパンチ。

それをどこで引き出すか、何によって引き出すか。

そういう、現時点での「状況」まで似ているディープインパクト産駒だった。

プログノーシスは、「サングレーザー以上」の大きな可能性を感じていた。

サングレーザーは、すでに京都コースを何回か走っている。そこで普通に負けてもいる。

一方、プログノーシスは、日本の平坦コースは未出走。ディープインパクト産駒の平坦適性を思えば、期待が膨らんだ。

「ただでさえ強烈な末脚、それが平坦ならさらに上の爆発力があるかもしれない」と。

母父はミスプロ系で、距離は１８００〜２２００ｍくらいがベストだろう。

レースは、川田騎手が「川田の差しは追い込みになる」のパターンを吹き飛ばす、新スタイルを披露。

雨が降って馬場が悪く、バラけた馬群の中を「インからのマクリ」。

馬群の中でも十分普通の競馬ができると思っていたので、うれしくなる騎乗だった。

直線は末脚が爆発。

４馬身差の圧勝だった。

レース後は「これで本当に強いことがわかった」「道悪がむしろ合うのは強み」という言葉が飛び交ったが、僕は「それもあるけど……」と思いつつ、ちょっと別の見解を持っていた。

トーセンラーの京都適性の話でも書いたが、ディープインパクト産駒というのは、中期からは坂も問題なくなり、日本ナンバーワン血統から「世界のクラシック血統」となった。

その一方で、初期の産駒が見せた平坦コースでの強さは、異常なほどの破壊力だった。

ディープインパクト自身のレースも、伝説となった若駒Sを「最も衝撃的だったレース」と語る者は多い。

そして、坂も大丈夫な血統として成熟した晩年も、最後の最後も、平坦コースで大爆発という現象は起きている。

プログノーシスは、GⅠの天皇賞・秋でも健闘できそうに思う。

だが、坂がないコースではもっと強いと思う。

この本が発売になる頃、天皇賞・秋を走っているはず。似ているサングレーザーで2着だった。上位進出はあると思う。勝ち切る可能性も、あることはあると思う。

ただし。

そこで、3着前後くらいだった場合。

僕だったら、ジャパンCではなく、マイルCSに向かう。

1600mが合うかどうかはわからない。短いと思う。こなせる程度かもしれない。

しかし、それよりも「平坦の京都コースであること」が魅力に感じるからだ。

そういう使い方をした馬が、かつていたような気がする。

そう、トーセンラーだ。

彼は「その使い方のおかげ」で、GⅠ馬になれた。

プログノーシスは、マイルCSか香港GⅠが一番頂点を極めやすいような気がする。

プログノーシスという馬名は「予知」という意味だという。

昔、テレグノシスという馬がいた。「透視能力」という意味の馬名だった。

同じ、黄色と黒の社台ファームの勝負服だ。

少し似ている気がする。

平坦コースのGⅡを待っていた、『平坦巧者のディープインパクト産駒』プログノーシス。

常に東京コースのGⅡを待っていた『東京巧者のトニービン産駒』テレグノシス。

上手く買えた2頭だ。

競馬分析が、まるで予知や透視のように、上手くできた気がしてくる。

これからディープインパクト産駒の子供、孫、そしてひ孫の世代の種牡馬が、続々と日本競馬に登場する。

そのすべての本質に、「ディープインパクトは平坦では強烈な末脚だった」ということを、思い知らされることになるのかもしれない。

馬券の「買い方」には、様々な種類がある。

どんな買い方をするにせよ、こうして、「似ている事例がしっかりと思い出せるような買い方」が、ベストだと僕は思う。

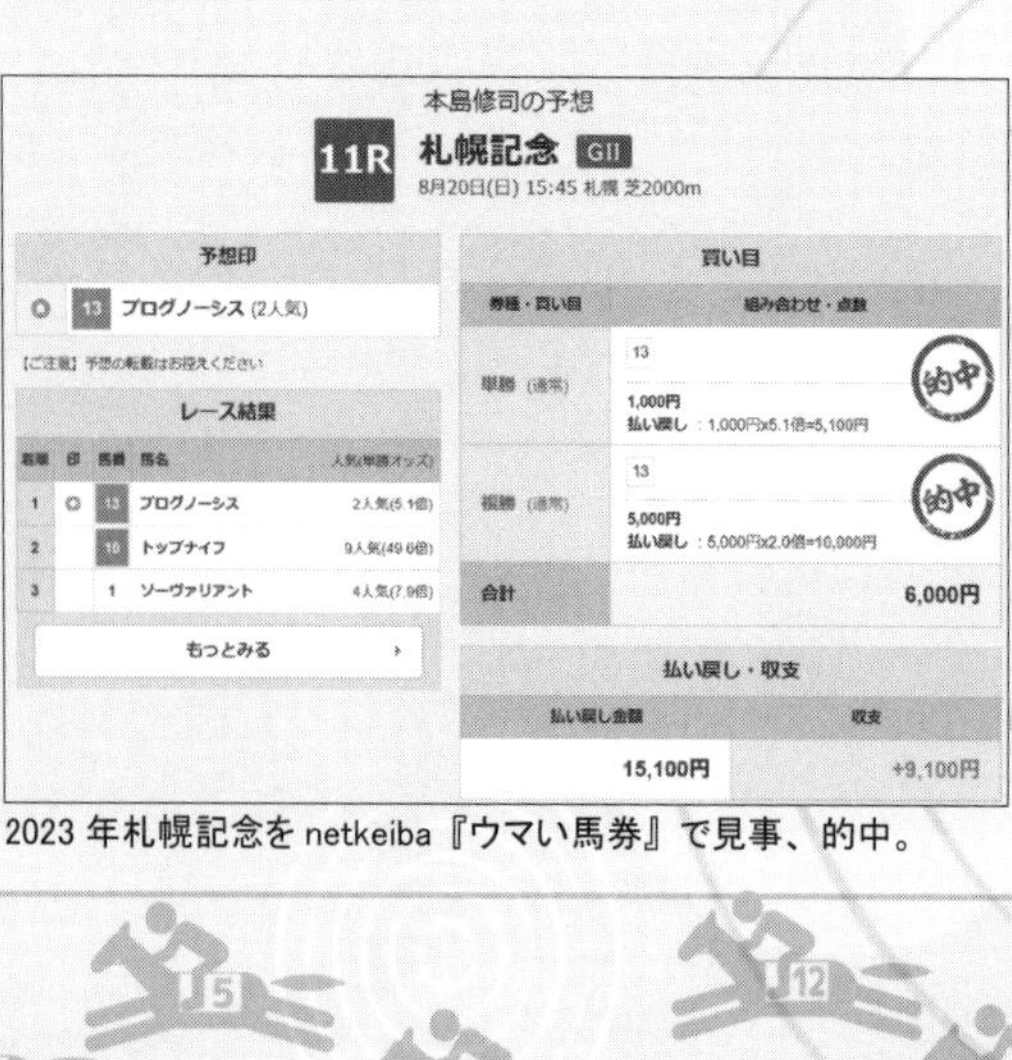

2023年札幌記念をnetkeiba『ウマい馬券』で見事、的中。

■番外編・思い出の単複

●2015年　函館スプリントS　ティーハーフ
得意レースをつくるということ

競馬には、「なぜか得意なレース」というのがある。

僕の場合、スプリント戦全般の成績が悪い。一度その原因を自己分析したことがあるのだが、「騎乗を失敗されて終わる率」が、妙に高いからだと気がついた。

なぜか。距離が少ししかないからだ。

スタートや1コーナーで失敗されると、1200mしかないレースでは、取り返しがつかないのだ。

それ以来、スプリント戦は、GⅠを除いて、小さな勝負にしている。

勝負を避けている。

しかし。

このレースだけは、中距離戦と同様の金額くらい買う。

函館スプリントS。

このレース。なぜか物凄く得意なのだ。

理由はよくわからない。洋芝なぶん、妙な前残りがないからか。いや……。それもこじつけのように感じる。理由は今でも不明だ。

ただ、よく当たる。

●2015年6月21日・新潟11R函館スプリントS（GⅢ、芝1200m）

着順	馬番・馬名	性齢	斤量	騎手	通過	上がり	人気	厩舎	馬主
1	⑨ティーハーフ	牡5	56	国分優作	16-14	34.0	4	栗・西浦	モハメド殿下
2	⑯アースソニック	牡6	56	丸田恭介	14-14	34.7	14	栗・中竹	前田幸治
3	⑬レンイングランド	牡3	52	菱田裕二	11-12	34.9	12	栗・矢作	田端勝彦

単⑨ 630円　複⑨ 250円　馬連⑨－⑯ 19550円
3連複⑨⑬⑯ 200320円　3連単⑨→⑯→⑬ 944140円

２０１５年。この年は、条件戦を勝ち上がってきたばかりのティーハーフというストーミングホームの産駒を狙っていた。マキャヴェリアン系は日本の芝によく合う。

馬は、朝日杯ＦＳに出たことがあり、函館２歳Ｓ３着だけじゃなく、葵Ｓ１着の実績もある。

鞍上の国分優騎手が不安だったが。

レースは、やはり後手に回る、必要以上に下げてしまう追い込み競馬になって、直線も大外へ。大味な競馬になったが、一気に馬群を捕らえてしまい、１着となった。

思い出に残る一戦となった。

競馬には、なぜか、毎年自分の成績が良い重賞レースというのが必ずある。

自己分析してみてほしい。

勝負するなら、そういうレースがいい。

●２０１９年　京都牝馬Ｓ　デアレガーロ
冬馬の極意とは……

競馬には、面白いもので「その季節になると走る馬」というのがいる。

彼ら、彼女らは、「リピーター」として同じレースで翌年も好走したりする。

●2019年2月16日・京都11R京都牝馬S（GⅢ、芝1400m）

着順	馬番・馬名	性齢	斤量	騎手	通過	上がり	人気	厩舎	馬主
1	⑩デアレガーロ	牝5	54	池添謙一	7-6	34.2	9	美・大竹	サンデーR
2	⑮リナーテ	牝5	54	武豊	11-11	33.9	7	栗・須貝	サンデーR
3	⑬アマルフィコースト	牝4	53	坂井瑠星	2-2	34.7	13	栗・牧田	社台RH

単⑩ 3620円　複⑩ 1000円　馬連⑩－⑮ 20300円
3連複⑩⑬⑮ 284790円　3連単⑩→⑮→⑬ 1536660円

デアレガーロ。

彼女もまた、そんな馬だった。

マンハッタンカフェ産駒には、なぜか『冬馬』が多い。

ガルボなどもそうだ。

デアレガーロは、２０１８年に京都牝馬Sで、２着。

条件戦を勝ったばかりだったが、単純に、「いい走りだな」と思った。

それで、様子を見ながら「来年もこのレースで」と思い、待っていた。

レースぶりを見ていると、成績は良くないが、身のこなしが「冬場に向けて」どんどん良くなっていくのがわかった。

身のこなしに、キレが出てくる感じ。

レースを見て、こういったことを感じ取れるようになれば、単複は上手くなる。

その前に、基礎のようなものとして「血統的に冬馬かもしれない」という見方がほしい。

正しい見方　＋　レースVTRで検証　＋　それを単複で具現化していく　＝　馬券という作品が完成する。

これが勝つための方程式だ。

２０１９年は、直前のスワンSで、６着。

馬柱の見た目の、着順としては良くないかもしれない。

しかし。

牡馬相手の別定GⅡで、「ゴール際まで踏ん張れている」のは、多少着順が悪くても間違いなく牝馬限定戦では上位の力。

衰えや萎みは、ないと判断した。

似たような事例は、最近もある。

マル外の牝馬。ロータスランド。

京都牝馬S1着→翌年、阪神C9着から、京都牝馬S3着。

これ、デアレガーロの時と、かなり近いものがある。

牡馬別定GⅡで、ソコソコ粘れていた牝馬は、牝馬限定戦で変身しますね。

これもまた、セオリーのひとつだ。

『季節馬』。

覚えておきたい概念。

年が明けて、2019年、京都牝馬のデアレガーロの単複は、ちょっと自信があった。

9番人気ながら、馬群を割って、伸びて快勝だった。

池添騎手の好騎乗も、印象に残っている一戦だ。

余談だが、よく聞かれるので、ここでお答えしよう。

「来るリピーターと、来ないリピーターの差はなんですか?」

これは、とても簡単だ。

ポイントは2つだけ。

ひとつ目。

前年の「勝ち・好走」は、必然的だったか、マグレだったか。

例えば、前年が、「超格下・12番人気で展開ドハマリ」で勝って、世の中もあなたもビックリ仰天。

翌年も出走。

さぁ、リピートするか、どうか。

しないのだ。

当たり前だ。

前年の勝ち自体がマグレだからだ。

競馬はもう1回やらないが、もう1回やったら来ていないからだ。そう、『本来は勝って（好走して）いなかった馬』。そうなると、リピートという概念そのものが成立しない。

前年が人気薄の勝利（好走）でも、実は隠れたコース巧者だったとか、そこから快進撃が始まっているとか、そういうことなら良いわけだ。

つまり。

前年、その馬が勝った（好走した）時、あなたは、その馬をどう思っていたか。

これが重要となる。

ポイント、2つ目。

今年の成績がボロボロではないだろうか。当然、今季が絶不調なら、今年は来ない。

ある程度、好調でいてほしい。

フレッシュで、大きな衰えがないことも重要だ。

ある程度、好調なら、コースや季節などが噛み合う、その得意レースで「前年に続きリピートで好走」する可能性が高まってくる。

まとめる。

前年の状況+今年の状況。これだ。

実は、競馬ファンは「今年の状況」はよく見ている。近走成績を見ればわかるからだ。しかし「前年の状況」のことは忘れてしまっている人が多い。

だから、人気になってブッ飛ぶリピーターが現れる。


2023年、小倉記念。

前年の覇者、マリアエレーナが出てきた。

ハンデ戦。斤量は56・5キロ。

何度も何度も著書に書いてきている、斤量のオキテに反していた。

・牡馬は、強い馬なら59キロまで走れる。
・牝馬は牝馬限定重賞なら56キロまで、牡馬相手のオープン戦なら55キロまで（距離が1400m以下のレ

ースなら、「レースがすぐ終わる」ので56キロまで）。

これが、斤量の基本だ。

マリアエレーナは、前年、２０２２年の小倉記念を圧勝。

斤量は54キロだった。

とても強い馬で、２番人気だったが、必然の好走だ。

今季、２０２３年も好調。

僕も、愛知杯で単複を購入。２０２２年が２着だから、リピート狙いだった。素晴らしい走りで、今年は３着。

「牝馬限定重賞で、斤量は56・５キロ」だった。

斤量の基本より、０・５キロ、重い。オーバーだ。

これがもし57キロなら、僕は買うのを止めているかもしれない。

ただ、０・５キロオーバーだったので、目をつぶって、買ってみた。

馬が強いので、３着に走ってくれた。

では、一方、小倉記念はどうか。

「牝馬限定重賞で、斤量は、56・５キロ」

基本より、１・５キロもオーバーとなる。

これは、普段から『馬単位』の僕でも、出馬表を見た瞬間、わかった。

「無理無理無理無理無理」と。

レースでは、1番人気。

僕は、大敗もありそうと見ていた。

しかし、キッチリと正攻法で乗ってもらったマリアエレーナは、なんと4着に粘った。

1番人気馬が4着に負けて、ファンの騒ぐ声も聞こえたが、僕は逆。

「これはまだ強い」という感想。

小さなクロフネの牝馬で、もう高齢だが、もう1回くらい、試しにどこかで買ってみたい。

こういう「理由があってリピートできなかった馬」は、どこかでまた買えるわけだ。

今回は力を出せていないからだ。

ふと見ると、その小倉記念はエヒトが圧勝していた。

そういえばこの馬も、田中ナントカという騎手の騎乗によって、七夕賞で力を出せず、リピート好走ができなかった馬。あの時は力を出せていないのだから、どこか、近いうちにチャンスがあったということなのだろう。

川田騎手がビシッと競馬のスタイルをつくって、普通に正攻法で乗ったら圧勝だ。

当然だろう。

七夕賞も川田騎手が乗ってくれれば、少なくとも3着争いくらいは十分にあったのだから。

デアレガーロは、現在は繁殖入り。

いい子供を産むことを期待している。

●2022年　紫苑S　スタニングローズ外せない理由

絶対に負けられない戦いがそこにはある。

とは、よく言ったものだ。

サッカーのワールドカップのテレビ中継が使ったのが最初だったろうか。

2022年、9月10日。

この日は、ちょっと特別な日だった。

僕、本島修司が、ネット競馬の『ウマい馬券』（予想を披露）でデビューした週なのだ。

これまで、ファン層に品格があることが自慢だったnoteの週末のレース見解文の発信は行なってきた。他にも、CAMPFIREのオンラインサロン『PENS』で、「勝つためのパーフェクト回顧」という発信は行なっていた。アットホームな規模で、毎週、僕に直接質問もできる場所だ。

ただ、ずっと「予想を売らない」としてきた僕が、初めて「予想を購読してもらう」場所として、最高の舞台、ネット競馬さんに立たせてもらったのがこの週だった。

紫苑S。狙っていたのはスタニングローズだった。

牝馬は基本的に「格」で買うものではないが、GⅠ3着以内歴があるようなクラスの牝馬は「格を持っている牝馬」として扱う。

格下へ出てくるタイミングなどで、牝馬を狙う時のような狙い方をする。

●2022年9月10日・中山11R紫苑S（GⅢ、芝2000m）

着順	馬番・馬名	性齢	斤量	騎手	通過	上がり	人気	厩舎	馬主
1	⑫スタニングローズ	牝3	54	坂井瑠星	2-2	35.0	1	栗・高野	サンデーR
2	⑪サウンドビバーチェ	牝3	54	横山武史	1-1	35.1	2	栗・高柳大	増田雄一
3	⑧ライラック	牝3	54	戸崎圭太	10-6	34.6	6	美・相沢	芹澤精一

単⑫ 280円　複⑫ 120円　馬連⑪ー⑫ 790円
3連複⑧⑪⑫ 1970円　3連単⑫→⑪→⑧ 6970円

スタニングローズはオークスの2着馬。

そのオークス以来の競馬で、今回は格下のGⅢでの復帰戦。

いいパターンだ。

鞍上は、坂井瑠星騎手。

凄く腕を評価してきたＪＲＡの数少ない若手で、関西の若手にとってアウェイで鬼門の中山でも、彼の先行馬の上手さも加味して、騎乗にも期待していた。

騎乗にあまり期待をしないで、慎重に見るタイプの僕が期待するなんて、珍しい。

レースは、腕達者な坂井騎手史上「最高の1コーナーの入り方」を見せてくれた。

この時点で、中山向きの競馬ができると確定。

外目から、3番手前後へ上がりながら1コーナーを曲がっていった。

その姿には、本当に頼もしさすら感じるほど。

そのまま、ゴールまですべてが上手くいった。

スローペースとなったレースは、完全に「中山特有の前残り」の流れだった。

逃げたサウンドビバーチェがかなりラクに走れており、逃げ切り体制。それを3番手から捕らえられるかどうかという、本当にスローペース特有の絵にかいたような競馬。

スタニングローズと坂井騎手は、人馬一体。

3番手で折り合いが完璧なまま直線へ向き、サウンドビバーチェと一騎打ちの

叩き合い。最後は地力の違いで、クビ差だけ前に出ることができた

オークスでは、ダミアン・レーン騎手が乗っていた。

自分の手元に戻ってきたスタニングローズ。

この日の坂井騎手からは、絶対に勝たせるという、強い意志を感じた。

僕もまた、勝って「新しいこと」の初日を飾りたい一戦でもあった。

彼の闘争心と噛み合って、凄くラッキーだった。

あとがき——帳尻が合う買い方を、先に

久しぶりに、買い方本を書いた。

結局、買い方。要するに、買い方。そんな風に思うシーンは多いと思う。

少しでも、基礎の見直しや、買い方の組み合わせで新しい発見があれば幸いです。

僕は競馬において、「帳尻合わせをしない」という意識を持つようにしている。

焦って帳尻合わせをしなくていいように、良いアドバイスを吸収したい。

その癖は、ふだんの暮らしの中で身に着けるものだとも思う。

すべてを一定の期間で、「トータルでどうか」と見る。

その時に、帳尻が合わなくなるようなことは最初からやらないほうがいい。

馬券なら、『半年スパン』や『1年スパン』で勝てるかを練り、すべての作戦を立てる。

一口馬主なら、『3頭くらいをセット』で、どんなタイプを買うか、作戦をつくり込む。

後で帳尻合わせをせず、帳尻は先に合わせようとする。勝負事の世界では鉄則だ。

馬券で勝つ男は「登録馬」を見るのは目をつけていた馬が出てくるかどうかの確認のために見る。

馬券で負ける男は「登録馬」を見てから、どれが来るかなと検討を始める。

土台が違う。準備が違う。ベースとなるものがあるかどうかが違う。

例えば、CTやMRI検査をしなければわからない病気を、レントゲンを撮っただけでは、確定診断はできない。その段階で確定したらヤブ医者。「新馬・圧勝・1戦1勝」の段階の馬は、次走のこと

は、なかなか確定で断を下せない。新馬戦だけぶっちぎって終わる良血なんか腐るほどいる。2戦目で苦しくなった時に、性能や能力、その馬の本性などの確定的な判断を下せる。

だから、「次走を見てみないとわからない」と言うのが正しい。

僕は「2歳・1戦1勝馬」は、ローカル2歳重賞を買う時だけを除き、まだ断を下さないでおくという癖を自分につけている。そのほうがクラシックで帳尻が合う。見解的にも、馬券的にも。

2020年。コロナウイルス初期の段階では、感染症の様々な専門家が現れていたが、そんな時にも信頼してよかったのは……そう。

わからないことに「わからない」と言える専門家だ。

そして、わからないこと以外のことには、逆に断を下せる、「断定」をできる人だ。

何が言いたいか。後から頑張ろうとしてもダメだし、焦ってもダメ。それが競馬だということ。

帳尻は、あとから合わせられないこともあるのだ。競馬とは、日々の生き方と密接な関係がある。

そういったことを、「買い方」に当てはめたい。

買い方を最初から、半年、1年スパンで見て、その場しのぎのような買い方にしないような癖をつけていく。そうすることで、少しばかり馬券に強くなれると思う。

生き方の間違いを認めない生き方。生き方の間違いを認める生き方。その差。

それは、競馬の見方において、また、長い目で見た馬券収支においても、膨大な差を生んでいく。

人生と同じだ。挙げた拳を降ろせない姿は、嘘つきに似ている。

2023年9月　本島修司

●著者紹介

本島修司（もとじま・しゅうじ）

北海道生まれ。作家、コラムニスト。大学在学中に書いていた原稿が注目を浴びてデビュー。喫茶店が舞台のエッセイや、卓球コラム、競馬論などを中心に執筆。競馬論では『馬単位』の発案者として多くの支持を受け、20年以上に渡り日本の競馬書籍界を牽引。卓球のＷＥＢコラムでは200万ＰＶ超えの記録も持つ。主な著書に『芝と砂の教え』（nige・共著）、『知性で競馬を読み解く方法』（ＴＡＲＯ・共著、以上・主婦の友社）、『自分だけの「ポジション」の築き方』（ＷＡＶＥ出版）、『新・種牡馬キャラ』『日本競馬頂上分析』（小林弘明・共著、以上・秀和システム）、『Cafe' ドアーズと秘密のノート』（総和社）他、多数。ＷＥＢでの執筆媒体は、ＲＥＡＬＳＰＯＲＴＳ、幻冬舎plus 等。

組《く》み立《た》て方式《ほうしき》でもっともっと勝《か》てる！
馬券《ばけん》ビルドアップ

発行日　2023年10月29日　　第１版第１刷

著　者　本島《もとじま》　修司《しゅうじ》

発行者　斉藤　和邦
発行所　株式会社　秀和システム
〒135－0016
東京都江東区東陽2-4-2　新宮ビル２Ｆ
Tel 03-6264-3105（販売）　Fax 03-6264-3094

印刷所　三松堂印刷株式会社　Printed in Japan

ISBN978-4-7980-7113-8 C0075